KB142324

좋아요를
삽니다

좋아요를 삽니다

2016년 9월 12일 초판 1쇄 발행
지은이 · 김대영

펴낸이 · 김상현, 최세현

책임편집 · 정상태, 양수인 | 디자인 · 김애숙

마케팅 · 권금숙, 김명래, 양봉호, 최의범, 임지윤, 조히라
경영지원 · 김현우, 강신우 | 해외기획 · 우정민
펴낸곳 · (주) 쌤앤파커스 | 출판신고 · 2006년 9월 25일 제406-2012-000063호
주소 · 경기도 파주시 회동길 174 파주출판도시
전화 · 031-960-4800 | 팩스 · 031-960-4806 | 이메일 · info@smpk.kr

ⓒ김대영(저작권자와 맺은 특약에 따라 검인을 생략합니다)
ISBN 978-89-6570-355-6(03320)

쌤앤파커스(Sam&Parkers)는 독자 여러분의 책에 관한 아이디어와 원고 투고를 설레는 마음으로 기다리고 있습니다. 책으로 엮기를 원하는 아이디어가 있으신 분은 이메일 book@smpk.kr로 간단한 개요와 취지, 연락처 등을 보내주세요. 머뭇거리지 말고 문을 두드리세요. 길이 열립니다.

좋아요를
삽니다

1000만 명의 팬을 가진 브랜드는
어떻게 만들어지는가?

· 김대영 지음 ·

PART 2

'좋아요'에
숨은 심리

PART 3

공감과
진정성의 힘

SNS 시대에 주목받는 착한 기업들

PART 4

SNS 시대
생존 전략

PART 5

관점을
업데이트하라

SNS가 바꾼
비즈니스 지형도

오랜 시간 동안 마케팅 분야에 몸담아왔다. 그 시간의 대부분은 광고주라 불리는 위치에 있었다. 광고 대행사로 이직해보니 우물 안의 개구리였고 나름 깊었다 생각했던 고민의 폭도 제한적이었음을 실감한다. 통신이나 금융 같은 특정 산업 분야를 벗어나니 더 깊이 있고 다양하게 소비자를 바라보게 됐다. 소셜 미디어의 일상화라는 거대한 변화는 소비자의 구매 행태에도 많은 변화를 주었다.

필립 코틀러는 《마켓 3.0》에서 지난 세기는 기술의 진보로 인해 소비자, 시장, 마케팅에 거대한 변화가 몰아쳤던 시기라고 말하면서 현재의 시장은 개인과 집단의 연결성과 상호 작용을 용이하게 해주는 기술, 즉 스마트폰, 모바일네트워크로 만들어진 소셜 미디어가 새로운 3.0 시장의 핵심 동인이라고 평가했다. 또한 소셜 미디어를 통해 소비자가 더 많이 표현하고 더 많은 의미를 부여하게 될 것이며 자신의 경험을 통해 더 큰 영향력을 행사할 수 있을 것이라는 견해를 밝혔다.

《마켓 3.0》이 출간된 지 5년이 흘렀다. 2009년 KT의 트위터 기업 계정을 시작으로 많은 기업들이 소셜 미디어의 계정을 운영하고 있다. 그만큼 마케팅에서 소셜 미디어가 갖는 영향력도 증가했다. 스마트폰, 무선 네트워크, 소셜 미디어. 이 세 가지는 지난 10년 사이 비즈니스 지형을 완벽하게 바꿔놓았다. 앞의 두 가지가 물리적 기반이라면 필립 코틀러의 주장처럼 소셜 미디어가 그 자체로 새로운 시장의 핵심 동인임을 인정하지 않을 수 없다.

국내의 수많은 기업과 개인들이 소셜 미디어를 이용해 마케팅을 하느라 고군분투 중이다. 그런데 의문스러운 것은 미국을 중심으로 한 해외와는 달리 지난 수년 동안 국내 소셜 미디어 마케팅의 성공 사례를 찾기 힘들다는 것이다. 오히려 실패 사례를 찾는 게 더 쉽다.

이유가 뭘까? 왜 우리 마케팅은 소셜 미디어로 인해 달라진 환경에 제대로 적응하지 못하는 것일까? 성공적인 마케팅으로 가는 해답은 없는 것일까? 이 책은 그런 고민의 흔적이다. 해답을 찾아가기 위해 제일 먼저 필요한 것은 지금껏 우리가 잘못했던 부분을 짚고 넘어가는 것이다. 나를 비롯해 많은 마케터들이 잘못해온 것은 무엇일까?

우선 SNS 마케팅에 대한 개념을 잘못 이해하고 있다는 것이다. 마케팅 조직을 갖고 있는 대부분의 기업들이 소셜 미디어를 마케팅 채널로 운영한다. 소셜 미디어 채널을 운영하는 것이 SNS 마케팅이라고 생각한다. 하지만 SNS 마케팅은 소셜 미디어 채널을 단순히 '운영'하는 것만으로 대체될 수 없다. 사람과 정보가 완벽하게 연결된 시대의 소비자를 통찰하는 마케팅 방법론을 찾아야 한다. 우리가 흔히 일컫던 SNS 마케팅이 아니라 '소셜 네트워크 시대'를 통찰하는 '소셜 네트워크 시대의 마케팅'이 필요한 것이다.

이런 시도가 선행되지 않다 보니 페이스북과 인스타그램에 기업 계정을 만들어놓고 경품 몇 개에 '좋아요'를 얻으려는 이벤트를 소셜 미디어 마케팅의 전부라고 생각한다. SNS 마케팅 담당자들은 혼란스럽다. 소비자는 많은 시간을 SNS에서 보내고 있지만 정작 새로운 제품이나 서비스를 홍보해도 큰 관심을 보이지 않는다. 소셜 미디어가 등장했던 초기와 달리 댓글과 좋아요 수는 제자리걸음이다. 그렇다고 제품과 전혀 상관없는 이야기로 고객 관계를 강화하기에는 들어가는 돈과 시간이 효율적인지 확신이 서지도 않는다. 이런 악순환이 계속되면 자연스레 경영진은 비용 대비 효과에 의문을 품게 되고 SNS 마케팅은 찬밥 신세가 된다.

중요한 것은 '소셜 네트워크 시대'의 고객 통찰이다. 소셜 미디어로 인해 변화된 소비자들을 더 깊이 이해해야 한다. 음식을 먹기 전에 왜 사진을 찍고 공유하는지, 어떤 물건을 샀을 때 소셜 미디어에 자랑을 하는지, 어떤 제품이 공유되며, 어떤 기업에게 호감과 애정을 느끼고, 기업이 어떻게 행동했을 때 자발적으로 홍보대사가 되어주는지, 이런 근원적인 물음에 대한 답을 찾아가야 한다. 답은 소비자에게 있다. 그래서 이 책에는 소셜 네트워크 시대가 변화시킨 소비자에 대한 이야기가 많은 부분을 차지한다. 소비자의 욕구가 소셜 미디어를 만나면서 어떻게 강화되었는지, 그런 강화된 욕구들이 어떤 형태로 소비에 영향을 미치는지를 다루었다. 여기서 도출해낸 몇 가지 방향을 통해 변화된 소비 환경에서 성공적인 마케팅으로 다가가는 해법을 제시했다. 정답은 아닐 수 있어도 이 해법에 대해 함께 고민한다면 변화된 소비자를 통찰하고 마케팅에 적용시킬 수 있을 것이다.

사실 소셜 네트워크 시대의 성공적인 마케팅을 방해하는 더 크고 강력한 장벽은 마케터 개인의 문제가 아니라 한국의 기업 문화다. 이 책이 다루는 큰 방향 중 하나는 바로 기업의 문화가 달라져야 한다는 것이다. 이 책을 마케터뿐만 아니라 경영진들도 읽어봐야 하는 이유다. 예전과 같이 상명하복으로 대표되는 문화를 지속한다면 망하기 딱 좋은 것이 현재 우리 기업의 모습이다. 구글 창업자인 세르게이 브린이 직원들과 격의 없이 토론을 즐기는 모습, 일반 직원과 같은 책상에서 코딩을 하는 페이스북의 마크 저커버그, 최저 연봉 7000만 원을 실험하는 CEO의 이야기들이 소셜 미디어를 타고 우리를 부럽게 한다. 한국의 모습은 어떤가?

여전히 많은 직원들이 미천한 권한 아래서 윗분들의 눈치를 보며 숨죽여 산다. 이런 환경에서 제대로 된 고객 대응이 될 리 없다. 단적인 예를 들어 하루하루 빠르게 이슈가 만들어지고 소비되는 소셜 네트워크 시대에 팀장, 임원, 사장의 결재 과정을 거치고 나면 타이밍이 생명인 마케팅은 물 건너가는 경우가 숱하다. 전 세계적으로 이슈가 된 검정, 파랑 드레스 사진을 마케팅에 잘 활용한 회사는 겨우 G마켓 정도였다. 하지만 미국이나 유럽은 너나 할 것 없이 이 이슈를 마케팅에 활용했다.

거액에 아마존에 인수된 자포스는 보스 없는 극단적 조직까지 실험하고 있지만 한국 기업은 여전히 경영진들이 많은 권한을 움켜쥐고 있다. 대리점 직원, 콜센터 상담원 같은 고객 접점에 있는 직원들에게 권한이 없다면 고객 감동도 만들어질 수 없다. 소셜 미디어를 통해 퍼져나갈 감동 사례도 만들어지지 않는다. 오히려 반감만 쌓아온 고객들의 아우성은 더 크게 퍼지고 그간 구축해온 브랜드 이미지도 눈 녹듯 사라질 것이다.

필립 코틀러, 제러미 리프킨 같은 석학들은 앞으로의 시대는 공감 소통과 고객의 영혼을 감싸는 노력이 필요하다고 입을 모아 주장했다. 하지만 투명한 소셜 네트워크 시대에 살아남기엔 우리 기업들의 노력은 여전히 미천하다. 소셜 네트워크 시대의 큰 화두 중 하나는 투명성이다. 정직하고 착하지 않으면 살아남을 수 없다. 고객 중심이라고 말로만 외치며 뒤에서 주판알을 튕겨서는 안 된다. 진짜 고객 중심과 고객 공감에 최우선의 가치를 두어야 한다. 원가 절감이나 수익 극대화를 위해 눈속임과 꼼수, 비정규직과 아웃소싱을 통해 한 푼이라도 더 수익을 내려는 기업의 관행은 질 나쁜 제품과 고객 서비스로 고스란히 고객에게 돌아온다.

이제 소비자는 모든 것을 알게 되었다. 나쁜 기업은 점점 생존하기 힘들어질 것이다. 그것이 소셜 네트워크 시대다. 단순히 마케팅만 변한다고 될 일이 아니다. 그래서 이 책에서는 마케팅뿐만 아니라 소셜 네트워크 시대에 기업이 살아남기 위해 바뀌어야 할 것들을 다뤘다. 시대의 요청에 부응해 예전보다 더 호황을 누리고 소비자의 사랑을 받는 기업들의 사례를 담아 변화된 환경의 소비자가 무엇을 원하는지 살펴보고자 했다.

《좋아요를 삽니다》라는 이 책의 제목처럼 소비자의 마음을 돈으로 살 수 있다면 어떨까? 불가능한 일은 아니다. 하지만 돈으로 산 마음은 결국 돈이 없으면 돌아설 수밖에 없다. 사람 사이의 관계처럼 말이다. 사람의 마음을 열 수 있는 방법은 결국 진심이다. 기업의 이미지나 브랜드도 마찬가지다. '좋아요'를 사는 방법은 결국 진심으로 소비자를 대할 때 가능할 것이다. 졸저 한 권이 큰 역할을 하진 못하겠지만 오늘도 마케팅 현장에서 클라이언트의 요구와 소비자의 니즈 사이를 갈등하는 마케터들과 고민을 함께 나누고 싶었다. 이 작은 고민이 도움이 되면 좋겠다.

아이디어가 떠오르면 가장 먼저 들려주고 싶은 사랑하는 아내 경애, 늘 스스로 부끄럽지 않도록 살게 해주는 원천, 아들 라온이, 드라마틱하게 부하 직원이 된 예전 클라이언트를 믿어주고 힘을 주시는 이주완 대표님, 차상훈 상무님, 아이디어를 늘 맛깔스럽게 업그레이드시켜주는 아이디어 파트너 장성남 이사님, 벌써 두 번째 책을 세상에 태어나게 도와주신 쌤앤파커스 정상태 팀장님께 고마운 인사를 전하고 싶다.

2016년 여름의 정점을 지나며, 김대영

PART 1

마케팅이
끝장났다고?

새로운 소비 생태계에서 살아남기

2016년 1월, 페이스북에 비닐봉지로 FC 바르셀로나 메시의 유니폼을 만들어 입은 한 소년의 뒷모습 사진 한 장이 올라왔다. 사람들은 귀엽고도 한편으로 애틋해 보이는 소년의 사진에 즉각 반응했다. 짧은 시간에 전 세계를 휩쓴 사진은 곧바로 소년을 찾는 캠페인으로 확산됐다. 리오넬 메시와 그를 후원하는 아디다스까지 페이스북을 통해 소년에게 유니폼을 선물하고 싶다며 동참했다. 소셜 미디어의 힘은 며칠 만에 아프가니스탄에 사는 5살짜리 '무르타자 아흐마디'를 찾아냈다. 소년은 결국 메시의 사인이 적힌 진짜 유니폼을 선물로 받을 수 있었다.

소셜 미디어는 이뤄지지 못할 희망사항에 그칠 수도 있었던 소년의 꿈을 이뤄주었다. 소년의 꿈을 실현시키기 위해 사진 한 장이

전 세계로 퍼지는 데는 그리 오랜 시간이 필요하지 않았다. 소셜 미디어로 전 세계가 연결되어 있는 시대, 더 이상 소셜 미디어의 힘이 얼마나 막강한지 시시콜콜 이야기하지 않아도 될 만큼 그 막대한 영향력을 실감할 수 있는 일들이 비일비재하다.

소셜 미디어의 등장이 변화시킨 세상의 모습은 일일이 설명할 수 없을 만큼 많고 또 다양하다. 과거에는 몇 곳에 집중되어 있던 미디어 권력이 더 광범위하게 분산되었고 그렇게 만들어진 소셜 미디어의 영향력은 객체로 머물러 있던 이용자 개개인을 주체로 탈바꿈시켜주었다. 이런 현상은 비단 정치·사회 영역에만 머무른 것이 아니다. 소셜 미디어의 영향력이 지형 자체의 변화를 가져온 곳이 하나 더 있다. 바로 '소비'의 영역이다.

1920년대 미국의 경제학자 롤랜드 홀은 소비자 행동 이론 하나를 발표했다. AIDMA 이론이 그것이다. 이 이론은 소비자의 행동 방식 변화를 Attention → Interest → Desire → Memory → Action의 5단계로 구분했다. 먼저 소비자가 상품에 주목Attention하고, 관심Interest을 가지고 살펴본다. 이 단계에서 상품에 대한 소비자의 평가가 향상됨으로써 소비자는 상품을 구매하고자 하는 욕구Desire를 형성하게 되고, 기억Memory하게 된다. 그리고 마침내 소비자는 그 상품을 구매하기 위한 행동Action에 나선다.

그러나 홀의 AIDMA 이론은 인터넷, 웹의 등장 이후 AISAS 모델로 진화했다. 소비자의 구매 행동이 Attention → Interest → Search → Action → Share의 형태로 변했다는 것이다. 욕구와 기억 대신 인터넷 검색Search과 구매 경험 공유Share로 소비 행동이 변화되었다는 이론이다.

AISAS 이론이 발표된 시점은 소셜 미디어가 등장하기 전이었으나, 소셜 미디어 등장 이후 소비자 구매 행동 이론으로 더 큰 영향력을 행사하고 있다. 인터넷, 소셜 미디어가 등장하기 전 소비자는 TV나 신문 광고 등을 통해 상품에 주목하고 구매하는 것으로 소비를 끝냈다. 소비 경험의 공유는 가족이나 친구 등 입으로 전달할 수 있는 일부 지인에 국한되었다. 인터넷이 등장하면서 소비는 '개인의 구매 활동'을 너머 '개인의 관계'를 통한 소비로 확장되었다. 소셜 미디어는 소비자, 개인의 관계를 촘촘하고 강력하게 연결해주었다. AISAS 이론의 '검색'과 '공유'가 더 강력한 힘을 발휘하게 된 것이다. 이제 똑똑한 소비자들은 더 이상 기업의 광고를 보고서 제품을 구매하지 않는다. 광고는 '주목'과 '흥미' 단계 정도에서 영향력을 행사할 수 있을 뿐이다. 광고가 이 단계에서 성공적으로 소비자의 흥미를 이끌었다고 해도 공유된 구매 후기의 검색 단계를 넘어서지 못하는 경우가 너무 많아지고 있다.

소비자의 구매 행동에 변화를 이끌어낸 스마트폰과 소셜 미디어의 등장은 기업의 마케팅 활동에 막강한 영향력을 행사하고 있다.

스마트폰의 등장으로 가장 크게 변화한 것 중 하나는 미디어 소비 패턴이다. 본 방송을 봐야 한다는 '본방 사수'는 시청자가 방송사 편성 그대로 프로그램을 보지 않는 풍토가 반영된 신조어다. 이제 시청자는 모바일 TV나 각종 VOD를 통해 원하는 시간에 원하는 방송을 소비한다. 실시간으로 방송을 보지 않는다는 것은 광고에 노출될 확률이 적다는 것과 같다. TV 광고 정도만으로 어렵지 않게 고객을 현혹하던 마케팅은 너무 오래된 무용담이 되었다. 하지만 소비자가 TV 광고를 덜 보게 된 매체 환경보다 더 큰 문제는 바로 기업과 제품에 대한 신뢰가 하락하는 데 있다.

2015년 글로벌 PR회사 에델만의 조사에 따르면 소비자의 한국 기업에 대한 신뢰도는 전년 대비 12% 떨어진 반면 중국은 9% 상승했다. '짝퉁', '저품질' 이미지를 갖고 있던 중국 기업의 신뢰도는 올라가고 있지만 한국 기업은 그렇지 못하다.

TV 시청 패턴이 변화하고 광고에 노출되는 시간이 줄어들었다 해도 TV는 여전히 소비자가 제품의 정보를 접할 수 있는 가장 좋은 매체다. 문제는 이제 구매 결정 과정에서 TV 광고로 대표 되는 과거의 마케팅 툴이 영향력을 발휘하지 못하는 데 있다. 소비자는 더 이상 예전처럼 기업이 만들어내고 있는 광고 메시지를 믿지 않는다. 소셜 미디어를 통해 공유된 정직하고 정확한 제품의 실체가 광고의 그것과 같지 않다는 것을 많은 소비자가 경험하고 있기 때문이다.

2015년 1분기 글로벌 정보 분석 기업 닐슨은 전 세계 60개국 3만 명 이상의 소비자를 대상으로 한 조사를 통해 〈광고 신뢰도에 관한 글로벌 소비자 보고서〉를 발간했다. 이 보고서에 따르면 전 세계 소비자는 TV 광고(63%)보다 지인의 추천(83%), 브랜드 웹사이트(70%), 온라인에 게시된 소비자 의견(66%), 신문 기사(66%) 등을 더 신뢰하는 것으로 나타났다.

마케팅 잡지 《애드위크AdWeek》와 광고 대행사 JWT의 공동 설문에서는 조사 대상자 중 84%가 "과대광고가 지나치게 많다."라고 답했다. "내 관심을 끌어 물건을 팔려고 하는 데 진저리가 난다."라고 답한 사람들도 72%나 되었다. "광고는 아예 배경 소음 정도로 여기고 있다."라는 응답자의 비율도 47%에 달했다. 실제 구매 활동에서 마케팅의 영향력도 감소하고 있다. 언스트영Ernst&Young이 실시한 조사에 따르면 구매 결정 시 브랜드를 고려하는 응답자는 25%에 불과했다. 미국 소비자의 브랜드 충성도 평균은 10점 만점 기준 5.5점이었다.

설사 제품이나 서비스에 대한 광고를 시청한 뒤 구매 의사가 생겼다 해도, 소비자를 제품 구매로 연결시키기까지는 수많은 난관들이 기다린다. 검색 결과로 나오는 상품 정보들, SNS를 돌아다니는 제품 평가들을 통과해도 온라인에는 구매자들의 솔직하고 가감 없는 사용 후기가 기다린다. 마케터가 소비자의 구매 의사 결정 단계에 개입하는 일이 점점 더 힘들어지고 있는 것이다.

실제로 맥킨지에서 발행한 〈소비자 행동 조사 보고서〉에 따르면 "기업이 주도하는 마케팅이 고객의 구매 평가 시점에 미치는 영향력은 3분의 1에 불과하며, 오히려 인터넷 상의 사용 후기나 지인들의 추천 등이 훨씬 큰 영향력을 행사하는 것으로 나타났다." (LG 경제연구원 보고서 재인용, 〈초연결 시대의 마케팅 키워드는 진정성〉, 2014년 1월.)

전통적인 마케팅 관점에서 기업은 광고 예산만 충분히 있으면 소비자의 마음을 사로잡을 수 있다고 생각해왔다. 하지만 인터넷, 스마트폰의 등장으로 고객은 똑똑해졌고 예전처럼 기업이 일방적으로 주입하는 제품의 장점이나 브랜드 이미지를 그대로 수용하지 않는다. 이런 현상이 발생한 가장 큰 이유는 정보 권력이 소비자에게 이동했기 때문이다. 과거의 고객은 기업을 통하지 않으면 정보에 접근하기가 어려웠다. 소비자는 기업이 제공하는 제한된 정보만으로 제품이나 서비스를 평가했다. 가장 쉽게 정보를 접할 수 있는 수단은 TV였고 사람들은 그곳에서 흘러나오는 제품의 장점을 믿었다. 광고에서 제품의 단점을 이야기할 리 없으므로 소비자는 큰 의심 없이 지갑을 열었다. "한 번의 선택이 십 년을 좌우한다"거나 "침대는 가구가 아니다"라는 명 카피 하나가 소비자의 마음을 움직였고 구매 결정에 관여했다.

이제 그런 일은 벌어지지 않는다. 아무리 화려한 광고가 유혹한다 하더라도 구매 결정의 순간, 버튼 하나면 제품의 '쌩얼'을 가감 없이 볼 수 있다. 마케팅을 화장술처럼 이용하던 기업에게 온라인, 모바일, 소셜 미디어는 클렌징 폼이나 다름없어졌다. 과거에는 불만족스러운 제품 경험을 한 소비자가 할 수 있는 일은 많지 않다. 대부분 물건을 잘못 산 자신을 탓했다. 무늬만 '고객만족센터'에 전화를 해도 건져낼 것이 별로 없었다. 가족이나 친구 정도에게 토로하는 불만이 마지막 수단이었다.

하지만 시대는 완벽하게 변했다. 오늘날 고객은 각종 불만을 소셜 미디어에 유포시키는 것은 물론 기업의 일거수일투족을 감시할 수 있는 권력을 갖게 되었다. 기업은 투명 유리 상자 안에 갇혀 있는 실험실의 원숭이 같은 신세와 다르지 않다. 상황이 역전된 것이다. 제한된 정보만으로 구매가 가능했던 소비자에게 정보의 헤게모니가 넘어왔다. 모바일 화면에 넘쳐나는 구매 후기들은 너무나 솔직하고 적나라하다. 엄청난 양의 정보가 매일매일 업데이트된다. 소비자는 언제 어디서나 때와 장소를 가리지 않고 정보에 접근할 수 있다. TV 광고 속 상품에 침을 흘리던 바보 소비자가 스마트한 소비자로 변했다. 이런 고객들을 과거와 같은 방법으로 현혹할 수는 있는 시대는 끝났다. "막강한 정보 권력을 쥔 현명한 소비자는 감시자의 역할은 물론 제품 기획자이자 마케터이면서 홍보 대사로 기업의 운명을 좌지우지할 새로운 오너가 되었다." (필립 코틀러, 《마켓 3.0》, 9쪽.)

2015년 8월 인터넷과 스마트폰을 이용하는 만 19~59세의 대한민국 남녀 1414명을 대상으로 DMC미디어가 조사한 내용을 보면 광고가 구매 고려, 비교 단계에서 영향을 주는 비율은 16.9%에 그쳤다. 반면 소비자가 제품 및 서비스에 대한 구매 여부를 결정하기 위해 가장 많이 의존하고 있는 매체는 인터넷 검색, 블로그, 소셜 미디어와 게시판의 제품 리뷰나 사용 후기 들이었다. 소비자는 리뷰를 보는 데 그치지 않고 구매의 경험을 적극적으로 공유했는데, 소비자의 48%는 제품이나 서비스의 이용 후기를 공유하는 것으로 나타났다.

2015년 1월 미국에서 발표된 소셜 네트워크 관련 소비자 설문도 같은 결과였다. 소셜미디어링크는 소셜 미디어를 이용하는 2만

4000명의 사용자를 대상으로 구매 의사 결정 시 소셜 미디어가 미치는 영향력을 조사했다.(http://www.socialmedialink.com/blog/59) 이 조사에서 제품을 구매하는 데 광고가 영향을 준다고 언급한 비율은 22%에 그쳤다. 이에 비해 가족과 친구들에게 영향을 받는 비율이 가장 높았다. 미국의 소비자 역시 다양한 온라인 미디어에 구매 후기를 올렸다. 구매 고객들은 페이스북에 제품 리뷰를 공유하는 비율이 54%로 가장 높았고, 인스타그램, 쇼핑 사이트가 그 뒤를 이었다.

고객은
더 이상
속지 않는다

소비자는 모바일 네트워크의 진화, 스마트폰 생태계 속에서 태어난 어플리케이션들을 통해 소비 주체, 정보 주체로 점점 진화를 거듭하고 있다. 마케팅이 그 진화 속도를 따라가지 못하면 결국 외면받을 수밖에 없다. 소셜 네트워크를 통해 사람과 사람의 정보가 고밀도로 연결되어 있는 시대를 통찰하지 않는다면 한순간에 기업의 운명이 명암을 달리할 수 있다.

허니버터칩과 땅콩회항. 두 가지 국내 사례는 소셜 미디어가 기업에게 어떤 영향을 주는지 극명하게 보여주었다. 허니버터칩은 단 하나의 광고나 프로모션도 없이 SNS 공유를 통해 과자 시장을 장악했고, 땅콩회항 사건은 폐쇄형 익명 커뮤니티 앱 '블라인드'를 통해 소식이 퍼지며 수천억 마케팅으로 만들어진 대한항공의 이미지를 나락으로 떨어뜨렸다. 허니버터칩의 인기도 땅콩회항 사건도 불과 10년 전이었다면 이런 결과로 이어지지 못했을 것이다.

앞서도 이야기했고 앞으로도 수차례에 걸쳐 이야기하겠지만 모바일 시대, 소셜 네트워크가 만들어낸 초연결 시대의 가장 큰 변화는 정보 권력의 이동이다. 기업이 통제했던 정보를 소비자가 갖게 되면서 이제 더 이상 단점은 숨기고 장점만 부각할 수 없게 되었다. 기업이 숨기고 싶어 하는 것을 소비자는 어떻게든 끝까지 찾아낼 수 있게 되었다. 그런 기업을 고객은 그냥 놔두지 않는다.

2014년 모 통신사에서는 인기 가수를 모델로 가장 넓은 주파수 대역을 알리는 새로운 LTE 캠페인을 진행했다. 하지만 사람들은 그 모델이 사용 중인 스마트폰이 해당 통신사의 망에서는 사용할 수 없는 스마트폰임을 알아냈다. 유명 가수가 자신의 소셜 미디어에 올린 사진과 글이 다른 스마트폰을 통해 업로드된 사실을 밝혀낸 것이다. 기업은 광고 모델 계약 과정에서 모델에게 기업의 제품을 써달라고 부탁한다. 하지만 모델 입장에서는 돈을 벌기 위해 자신의 인기를 팔 뿐이다. 진심으로 기업의 브랜드나 제품이 좋아 광고를 하는 경우는 많지 않다. 기업 제품을 모델에게 강제로 사용하게 할 수는 없다. 하지만 고객 입장에서 모델은 그 기업을 대표하는 아이콘이다. TV에 나와 특정 제품의 사용과 구매를 권유하면서 정작 자신은 해당 제품을 이용하지 않는다는 것을 소비자는 감정적으로 쉽게 받아들이지 못한다. 소비자의 정보력과 의식이 예전과 달라지면서 제품을 대표하는 모델들이 실제 그 제품을 사용하고 있는지에 관심이 높아지는 것은 당연한 일이다. 모델이면서 동시에 사용자라면 그 제품에 더 큰 신뢰를 보낼 수 있기 때문이다.

구매 고려 과정에서 이런 정보들은 직간접적인 영향을 준다. 작은 해프닝이라고 넘어갈 수도 있지만, 정보 권력이 고객에게 넘어갔다는 사실을 간과한다면 그 역풍은 상상을 초월할 수 있다. 기술이 발전하면서 소비자와 소비자를 둘러싼 환경이 변하고 있지만 여전히 기업의 마케팅은 한 걸음도 앞서나가지 못하고 있는 것이 사실이다. 이제 마케터는 소비자가 알아낼 수 있는 정보의 한계나 공유의 한계선이 없다는 엄연한 현실을 간파해야 한다.

질레트는 플렉스볼의 새로운 광고 모델로 〈응답하라 1988〉의 류준열, 이동휘를 발탁하며 두 모델이 실제 플렉스볼을 꾸준히 애용하고 있는 제품 마니아로서 제품 홍보에도 진정성 있게 활동할 수 있다는 장점을 내세우기도 했다. 아큐브렌즈의 광고 모델 송중기는 13년째 아큐브를 쓰고 있다고 광고에서 자신 있게 이야기했다. 아큐브 담당자는 모델을 선정할 때 송중기가 아큐브의 충성 고객이라는 점을 고려했기 때문에 기용했다고 밝혔다. '짜파구리'를 실제로 만들어 먹는 윤후를 짜파게티 모델로 기용하거나 김연아가 실제 경기에서 애용했다는 립글로스를 크리스찬 디올이 후원하는 등 예전처럼 스타성만을 차용하기보다 실제 제품을 사용하는 모델을 이용해 마케팅을 하는 기업이 늘고 있다.

2012년 10월 《조선비즈》에는 '모 통신사 바이럴 마케팅으로 IT 커뮤니티서 경고 받아'라는 기사가 실렸다. 국내 유명 IT 커뮤니티에서 과도한 바이럴 마케팅을 했다는 이유로 국내 최대 통신사가 경고를 받았다는 내용이었다. 해당 IT 커뮤니티는 공지사항에서 "특정 기업에서 여론을 호도할 목적으로 반복적이고 집단적으로 클리앙을 이용하고 있는 것이 확인됐다"며 이례적으로 관련 내용을 공개했다. 유명 IT 커뮤니티가 이런 공지를 낸 것은 자체 조사를 근거로 한 것이 아니었다. 상식에 맞지 않게 의도적으로 이루어지는 '여론 만들기' 플레이를 신뢰하지 못한 네티즌들이 전체 게시글의 내용과 IP를 일일이 매칭하고 추적한 것이 그 시작이었다.

드라마 〈킬미 힐미〉에서 여고생으로 변신한 배우 지성이 사용했던 화장품을 네티즌이 반나절 만에 찾아내 해당 제품이 완판되는 일도 일어난다. 이 제품은 아모레 퍼시픽이 만든 헤라 브랜드 틴트 제품이었다. 출시된 지 1년이 지난 제품임에도 불구하고 완판되는 기현상이 발생했다. 극중에 제품이 등장하는 장면은 불과 몇 초밖에 되지 않았다. 그러나 지성의 깜찍한 여고생 연기에 반한 소비자들은 방송에 사용된 제품을 찾아내 구입했다. 이 틴트는 '요나 틴트', '지성 틴트'라는 애칭으로 실시간 검색에 오를 정도로 유명세를 탔다. 아모레 퍼시픽은 이 제품이 계속 품절되며 2015년 1~2월 사이 전년 동월 대비 백화점 144.5%, 온라인 185.3%의 판매 성장을 보였다고 밝혔다. 헤라 매장에서는 방송 직후 요나 틴트를 문의하는 전화가 쇄도했고 예약자도 상당했다고 한다. 아모레 퍼시픽에겐 생각지도 않은 매출이 생기는 운 좋은 경험이었지만, 문제는 해당 드라마의 화장품 협찬사가 다른 화장품 회사라는 데 있었다. 사실 지성이 사용한 헤라 틴트는 스타일리스트의 것이었고 갑작스레 소품으로 사용되었다. 적지 않은 돈을 협찬금으로 냈을 화장품 회사는 지붕만 쳐다보는 신세가 되고 말았다. (〈'킬미 힐미', 신세기 아이라이너 이어 요나 틴트까지 등장〉, 《뷰티한국》, 2015년 2월 14일.)

자동차 시장의 소비자 정보력도 만만치 않다. 수천만 원의 가격을 주고 구매해야 하는 자동차는 고 관여 상품에 속한다. 비싼 가격을 지불해야 하는 상품이지만 과거 소비자의 선택 기준은 배기량이나 디자인 정도의 상식 수준을 넘어서지 못했다. 소비자가 자동차 구입 전에 할 수 있는 일은 광고나 홈페이지를 통해 사양을 체크하는 일, 동일 차량을 타는 지인에게 궁금한 것을 물어보는 정도였다. 이제 자동차 구매를 고려하는 소비자들은 자동차 관련 커뮤니티 사이트에 접속한다. 자동차에 대한 관심과 지식으로 무장한 회원들이 올려놓는 정보들은 차량의 선택을 좌지우지할 만큼 세부적이고 전문적이다. 한국 경차의 대표 주자라 불리는 두 차량의 내부에 사용된 부품들을 분석해 어떤 차가 더 안전을 위해 신경 썼는지 비교한다거나 매년 신형이라며 외형을 바꾸고 나오는 차들이 어떻게 원가 절감을 해서 기존 차량보다 안 좋아졌는지를 꼼꼼하게 비교해놓기도 한다.

물론 이런 글들은 과거에도 존재했다. 중요한 것은 소셜 네트워크 시대가 이런 글들을 매우 빠른 속도로 공유시킨다는 것이다. 그 때문에 구매 결정에 영향을 주는 정보들이 예전보다 훨씬 빠르게 그리고 많은 사람에게 확산된다. 모바일의 시대, 소셜 미디어 전성시대의 소비자는 가만히 앉아 기업이 던진 정보만을 수용하지 않는다. 드라마 PPL을 보고도, 광고를 보고도 의문점이나 궁금한 게 있다면 검색을 통해 집요하게 원하는 정보를 찾아 나선다. 마케터가 전달하고 싶은 메시지나 제품의 정보를 덥석 물지 않는다. 의문이 생기면 끊임없이 검증하고 검증된 내용은 어김없이 공유되어 더 많은 사람에게 알려진다. 《트렌드 코리아 2015》에서 주요 트렌드 키워드로 제시한 '증거 중독'처럼 소비자는 기업이 제시하는 주장을 수용하기 전에 스스로 객관적인 증거를 찾아 나선다. 증거들 속에는 기존 제품을 분해하고, 성분이나 함유량까지 철저히 검증한 팩트fact가 포함된다.

지금은 역사 속으로 사라진 노키아 역시 소비자의 이런 '증거 중독' 성향을 간과한 속임수 마케팅으로 여론의 뭇매를 맞은 적이 있다. 삼성과 애플에 뒤쳐진 스마트폰 시장에서 자존심을 회복하기 위해 노키아는 야심작 루미아 920을 발표했다. 2012년 당시 루미아 920은 카메라 기능을 장점으로 부각한 마케팅을 진행했다. 퓨어뷰Pure View 카메라로 불렸던 이 기능은 다른 스마트폰 카메라에 비해 저조도 환경에서 우수한 화질을 얻을 수 있고 광학식 손떨림 방지 기능을 적용해 DSLR에 견줄 만하다며 촬영 성능을 강조했다. 노키아는 이 스마트폰의 강점을 알리는 광고를 제작했다. 자전거를 타고 가는 남녀가 루미아의 손떨림 방지 기능을 이용해 흔들림 없이 영상을 촬영하는 내용이었다. 광고를 본 사람들이라면 당연히 실제 루미아 폰을 통해 촬영된 영상으로 인식할 만한 광고였다. 하지만 광고를 본 네티즌들은 모델 옆을 지나가는 차량 유리에서 광고 촬영 팀의 흔적을 찾아냈다. 유리창에는 광고 촬영기사로 보이는 사람이 DSLR을 이용해 영상을 촬영하는 모습이 반사되어 있었다. 광고 영상이 논란에 휩싸이자 노키아는 블로그를 통해 정정

영상을 게재하며 "문제가 된 광고 영상은 루미아 920으로 찍은 것이 아니며 혼란을 드려 죄송하다"면서도 "이 광고는 소비자를 속이려는 의도가 없었고 광학식 손떨림 방지 기능을 보여주기 위한 것이었을 뿐"이라고 해명했다. (〈노키아 급했나… 루미아920 광고조작 무리수〉, 《지디넷 코리아》, 2012년 9월 7일.) 하지만 이미 많은 소비자들은 DSRL에 버금가는 성능이라고 자랑하던 루미아의 촬영 기능에 의문을 갖지 않을 수 없었다.

SNS
대박 상품의
비밀

소셜 네트워크 시대의 소비자는
적극적으로 기업의 마케팅에 개입
한다. 거짓 정보를 통해 고객을 속
이려 하면 할수록 고객은 더 집요
하게 기업의 잘못을 찾아낸다. 때
문에 아무리 마케팅을 잘 계획했다 할지라도 본질적으로 진실에 가
까이 있지 않다면 순식간에 들통이 난다. 천문학적인 마케팅 비용
과 노력이 하루아침에 물거품이 돼버리는 것은 물론 브랜드나 기
업 이미지에 씻을 수 없는 상처가 될 수 있다.

그렇다고 모든 소비자가 기업의 반대편에 서서 꼼수를 찾는 데
만 혈안이 되어 있는 것은 아니다. 소셜 네트워크라는 환경에서는
기업의 거짓 마케팅에 브레이크를 걸 수 있는 권력뿐만 아니라 잘
알려지지 않은 기업의 긍정적인 면이나 제품의 장점을 대신 홍보

해주기도 한다. 알려야 할 장점이 있다면 소비자는 기꺼이 제품의 마케터나 홍보 대사가 되는 데 주저함이 없다. 오히려 집단 지성을 통해 마케터가 해내지 못한 다양하고 독창적인 마케팅 아이디어를 내기도 한다.

과장을 더한다면 이제 마케팅의 주체는 기업에서 소비자에게 넘어갔다고 평가할 수도 있다. 진정성이 결여된 기업의 마케팅보다 소비자의 사진 한 장과 예리하고 솔직한 평가가 잠재 고객에게 훨씬 더 큰 파급력을 미치기 때문이다.

허니버터칩은 향후 수년간 소비자가 참여한 SNS 마케팅을 논할 때 필수 사례로 등장할 만한 신화를 만들어냈다. 많은 사람이 알고 있듯, 허니버터칩의 성공은 전략적으로 의도된 마케팅의 결과물이 아니었다. 오직 허니버터칩을 먹어본 사람들, 그리고 아이러니하게도 그것을 먹어보지 못한 더 많은 사람들의 환호와 열광 속에서 제과 업계의 흥행 신화로 우뚝 섰다. 광풍처럼 몰아쳤던 허니버터칩의 인기는 자발적인 광고 매체이자 스스로 마케터가 되어준 소비자가 있었기 때문에 가능했다.

이와 비슷한 사례가 또 있다. 인터넷 뉴스를 타고 소셜 미디어에서 화제가 되고 있다는 사진 하나가 올라왔다. 'YG 바자회' 구매 후기라고 올라온 그 사진은 지드래곤이 자주 입었던 재킷에서 말랑카우 2개가 나왔다는 인증샷이었다. GD가 말랑카우를 좋아하는 것 같다는 후기에 사람들은 재밌다는 반응을 보였다.

허니버터칩의 열풍에 가려지긴 했지만 소셜 미디어를 통한 소비자의 자발적 입소문으로 시간이 갈수록 인기를 끈 SNS 대박 상품들이 다수 존재한다. 롯데제과의 말랑카우는 2013년 출시 당시, 월 매출 3억 원 수준으로 그리 잘나가는 제품은 아니었다. 그러나 결과적으로 말랑카우는 캔디 시장에서 가장 짧은 기간 동안 최고의 매출을 달성한 제품이 되었다. 캔디 시장에서는 연 매출 50억 원대의 제품을 성공작이라 평가한다.

말랑카우는 2013년 출시 이후 2015년 7월까지 20개월 동안 누적 매출이 500억 원에 이른다. 판매된 양을 봉지로 환산하면 약 4200만 봉지다. 신제품 캔디류가 100억 이상의 매출을 올린 것은 애니타임, 마이쮸 이후 10년 만의 일이었다. 이 제품은 출시 당시 광고나 프로모션 등 별다른 마케팅을 진행하지 않았다. 하지만 시간이 지나면서 제품을 접한 소비자들의 자발적인 입소문이 SNS에 퍼지기 시작했다. 급기야 악마의 과자로, 한번 먹기 시작하면 봉지 안에 있는 것을 다 먹을 때까지 멈출 수 없는 중독성 강한 캔디로 불렸다. 블로그나 소셜 미디어에는 마시멜로와 비슷해서 구워먹으면 더 맛있다는 인증샷들이 공유되었고, 캠핑장을 찾는 아이와 어

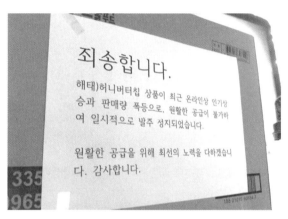

허니버터칩은 향후 수년간 소비자가 참여한 SNS 마케팅을 논할 때 필수 사례로 등장할 만한 신화를 만들어냈다. 허니버터칩의 성공은 전략적으로 의도된 마케팅의 결과물이 아니었다. 오직 허니버터칩을 먹어본 사람들, 그리고 아이러니하게도 그것을 먹어보지 못한 더 많은 사람들의 환호와 열광 속에서 제과 업계의 흥행 신화로 우뚝 섰다.

른 모두에게 인기를 끌기도 했다.

　매출이 오르자 롯데제과는 뒤늦게 대대적인 마케팅을 진행했다. TV 광고는 물론 이색 레시피로 입소문이 퍼지자 말랑카우 레시피 공모전을 열고 당선작을 제품 뒷면에 소개했다. 보통의 제품들이 마케팅을 통해 고객의 인지와 선호를 높이는 것과는 반대되는 상황이 벌어진 것이다. 말랑카우에 대한 입소문은 허니버터칩의 사례와 같이 남들이 시도하지 않은 차별화 전략이 주요했다. 특허를 출원 중인 에어레이션Aeration 공법을 이용해 폭신한 식감을 살렸고, 캔디지만 이에 달라붙지 않아 어린아이나 어른 모두를 만족시킬 수 있었다.

　모바일과 소셜 미디어라는 두 가지의 큰 축에서 고려해야 할 소비 심리나 마케팅 환경 요소들은 수없이 존재한다. 하지만 가장 중요한 것은 무엇보다 제품 고유의 경쟁력일 것이다. 아마존의 CEO 제프 베조스는 "과거에는 만드는 데 30%의 힘을 쏟고 70%는 상품이 좋다고 떠드는 데 시간과 비용을 투자했다면 이제는 그 반대가 되어야 한다."라고 이야기했다. 결국 고객에게 사랑받을 만한 제품을 만든다면 마케팅 비용의 한계 때문에 시장에서 사라지는 일은 과거보다 줄어들 것이다. 하지만 그와 반대로 단순히 경쟁 상품보다 조금 다른 비교 우위를 내세우거나 차별적 경쟁력이 부족한

말랑카우는 2013년 출시 이후 2015년 7월까지 20개월 동안 누적 매출이 500억 원에 이른다. 판매된 양을 봉지로 환산하면 약 4200만 봉지다. 출시 당시 광고나 프로모션 등 별다른 마케팅을 진행하지 않았지만 소비자들의 자발적 입소문이 SNS에 퍼지기 시작했다. 급기야 악마의 과자로, 한 번 먹기 시작하면 봉지 안에 있는 것을 다 먹을 때까지 멈출 수 없는 중독성 강한 캔디로 불렸다.

상황에서 광고나 유통의 힘만으로 승부할 수 있는 시대는 돌아오지 않을 것이다.

스탠퍼드 대학 경영대학원 마케팅 교수 이타마르 시몬슨은 상품 자체의 사용 가치가 중요해지는 절대 가치의 시대가 오고 있다고 주장한다. 절대 가치란 상품과 서비스에 대한 선입견 없는 진짜 가치를 일컫는다. 그는 소비자가 구매 단계에 적극적으로 개입해, 제품을 평가하고 구매를 결정하는 기본 방식을 바꿔놓고 있다고 이야기했다. 소비자가 상품과 서비스에 대한 정보의 원천에 좀 더 쉽게 접근할 수 있는 환경이 되면서 진짜 가치, 즉 절대 가치를 가늠할 수 있게 되었다는 것이다. 제한적인 정보에만 접근할 수밖에 없던 과거에는 진짜 품질 대신 브랜드나 가격 같은 부수적 조건들에 의존했다. 즉 상대적인 가치에 의존했다는 것이다. 소비자가 상대적 가치에 의존할 수밖에 없다 보니 마케터들은 가끔씩 공정하지 못한 방식으로 소비자의 구매 결정에 영향을 미칠 수 있었다. 즉, 마케터들은 자사 제품을 타사의 것과 비교해 상대적으로 좋아 보이게 하는 방식으로 소비자를 유도했다. 하지만 이제는 소비자가 다른 소비자들의 정보와 체험에 의존하면서 사정은 급변하고 있다.

(〈절대가치 시대… 마케팅 패러다임 바뀐다〉, 《조선비즈》, 2015년 5월 11일. 이타마르 시몬슨 인터뷰.)

그런 면에서 허니버터칩과 말랑카우 같은 SNS 대박 상품은 절대 가치를 제공하는 방식으로 접근했던 사례로 볼 수 있다. SNS 대박 신화라는 타이틀에 가려져 이들의 인기가 단순히 소셜 미디어에 의해서만 만들어진 것이라 오해할 수도 있다. 하지만 이들 대박 상품의 성공은 결국 소비자가 원하는 제품을 만들기 위해 공을 들인 데 출발점이 있다. 제품의 근본 가치나 경쟁력이 절대적 기준을 갖고 있는 것은 아니다. 시대가 변하고, 사람도 변하고 그에 따라 트렌드도 변한다. 제품 고유의 경쟁력이라는 것도 이런 흐름에 맞아야 한다.

허니버터칩과 말랑카우의 성공의 이면에는 기존 시장에 대한 분석과 그에 따른 역발상이 존재했다. 허니버터칩 출시 이후 모든 과자들이 허니버터 버전을 들고 나왔다. 그야말로 스낵 시장은 허니버터칩의 등장 이전과 이후로 역사가 나뉘었다 해도 과언이 아니다. 2014년 8월 허니버터칩이 시장에 등장하기 전만 해도 국내 스낵 시장은 오랫동안 큰 변화가 없었다. 일부 스테디셀러 과자들만이 변함없이 시장을 장악하고 있었다. 특히 국내에서만 2000억대 시장 규모를 형성하며 성장세를 이어가던 감자칩 시장에는 전통적으로 짠맛을 가진 감자칩만이 존재했다. 해태제과는 감자칩 시장에서는 잃을 게 없었다. 국내에서는 포카칩과 수미칩에게, 수입산은 프링글스에 밀려 시장에선 이름도 내밀지 못했다. 결국 잃을 게 없다는 것이 기존에 없었던, 남들은 생각할 수 없는 전혀 새로운 시도를 가능하게 했다.

해태제과 연구개발팀은 1년 9개월 동안 국내는 물론 전 세계 200여 종의 감자칩을 공수해 맛과 트렌드를 분석했다. 대부분의 감자칩은 짠맛을 강조하고 있었다. 고객 역시 '감자칩은 원래 짠맛'이라는 고정 관념에 길들어 있었다. 그러나 설문조사를 통해 한국인은 짠맛의 감자칩을 선호하지 않는다는 것을 알아냈다. 결국 짠맛의 감자칩이라는 고정 관념을 탈피하자는 데 의견을 모았고, 달콤하면서 고소한 맛의 감자칩을 만들기 위해 수많은 테스트와 재료를 적용했다. 최적의 맛을 알아내기 위해 통상 100~200명으로 진행하던 소비자 조사도 1000명으로 늘렸다. 결국 제품에 만족한 소비자 비율이 93%에 이르렀고, 그렇게 허니버터칩은 시장에 나왔다. (〈100일 만에 100억 초대박 '허니버터칩' 성공스토리〉, 《매일경제》, 2014년 11월 19일.)

세스 고딘은 소셜 미디어 환경에서 마케팅에 성공하기 위해선 "우리가 만든 상품이 어떻게 사람들의 관심을 끌게 만들까?"가 아닌 "시장이 관심 있는 어떤 것을 세상에 내놓을지 알아내야 한다."라고 말했다. 그는 어떤 제품이 나왔을 때 사람들이 그 제품에 대해 말하고 공유해야 할 이유가 존재하는지 생각해보길 권한다. (〈Seth

Godin on What Marketers Are Getting Wrong〉, 《Inc.》, 2014년 3월 20일.) 허니버터 칩은 기존 감자칩 시장에는 존재하지 않던 제품이었다. 말랑카우 역시 마찬가지다. 이 제품들은 사람들에게 이야기할 동기를 제공했다. 소셜 미디어에는 '태어나 처음 먹어보는 맛' '짜지 않은 감자칩이라니!' '구름을 씹는 듯한 부드러운 캔디' '손자와 할머니가 서로 쟁탈하는 최초의 캔디'라는 이야기들이 넘쳐났다.

결국 고객이 선택한 후 구매 경험을 공유할 수 있을 만큼 동기를 유발하는 차별화가 기본 전제다. 하지만 '상품만 잘 만들면 잘 팔릴 것이다.'라는 이분법적 접근 역시 위험할 수 있다. 여전히 많은 시간과 공을 들인 제품들이 시장에 넘쳐나지만 대박 상품으로 성공하는 비율은 극소수다. 좋은 상품을 만드는 것과 더불어 여전히 마케팅이 기여할 수 있는 부분이 분명 존재한다.

소셜 네트워크 시대에는 상품 기획과 마케팅의 협업이 더욱 중요해질 수 있다. 미래에는 상품 기획과 마케팅의 구분이 필요 없는 시대가 올 수도 있다. 혼란스럽지만 여전히 마케팅이 해야 할 일은 많다. 어렵지만 소셜 네트워크 시대에 마케팅이 할 수 있는 일은 좀 더 명확해질 것이다. 마케팅은 이제 제품 기획 단계에서부터 어떤 차별점이 입소문을 이끌어낼 수 있을지, 어떤 매체에 어떤 형태로 구매 후기가 생산되고 공유될 수 있을지를 고민해야 한다. 하지만 이 영역은 상품 개발자들의 전공 영역은 아니다. 바로 이 지점이 마케팅이 개입해야 할 출발점이다.

말랑카우의 경우, 구워 먹는 레시피가 고객들에게서 시작된 것이었지만 만약 마케팅이 상품 개발 단계에 참여해 다양한 레시피가 소셜 미디어를 통해 공유될 가능성을 제시했다면 더 다양한 맛이나 다른 포장이 고려될 수 있었을 것이다. 만약 그랬다면 조금 더 빠르게 인기 상품의 반열에 오를 수 있었을지도 모른다.

별점평이라는
나침반의
위력

소셜 미디어나 모바일, 디지털의 발전이 소비자에게 어떻게 막강한 권력을 부여하고 있는지 좀 더 살펴볼 필요가 있다. 양적인 면에서 소비자가 모든 정보에 접근할 수 있다는 것 이외에 질적인 면에서도 소비 행태를 변화시킬 만큼 파급력을 갖는 정보들에 더 많이 노출되고 있다.

페이스북에는 하루에만 수억 장의 사진과 글이 올라온다. 그야말로 정보가 차고 넘쳐나는 시대다. 정보의 홍수를 넘어 과잉이라는 이야기가 나올 정도다. 너무 많은 정보는 소비자의 선택에 도움이 되기보다 오히려 방해가 된다. 넘쳐나는 정보 때문에 소비자가 결정 장애를 겪고 있다는 이야기도 나온다. 많은 정보 속에서 나에게 맞는 정보를 찾기 힘들 것이라는 생각 때문이다. 그러나 정보 권력이 소비자에게 이동했다는 전제 속에는 정보의 질 자체도 변하고 있다는 사실을 간과해서는 안 된다. 기술의 발전, 빅데이터 분석 등은 수많은 정보를 소비자가 꼭 필요한 정보로 걸러 내준다. 덕분에 소비자는 어렵지 않게 고급 정보에 접근할 수 있게 됐다. 고급 정보에 다가갈 수 있다는 것 역시 진보된 테크놀로지 환경에서 소비자가 갖는 특권이다.

2015년 상반기, 직장인의 눈길을 끄는 기사가 있었다. 잡플래닛에서 발표한 '일하기 좋은 기업 순위'였다. 대학생을 상대로 기업의 취업 선호도를 발표하는 것은 연례 행사였다. 하지만 실제 회사를 다니는 직장인들의 솔직한 평가를 토대로 일하기 좋은 기업을 선정한 사례는 흔하지 않았다. 2015년 잡플래닛의 조사는 그런 의미에서 재밌는 결과를 보여준다. 대학생들이 취업을 원했던 상위 10개의 기업은 잡플래닛이 발표한 일하기 좋은 기업 10개 중에 단 한 곳도 포함되어 있지 않았다.

대학생의 취업 선호에 영향을 미친 정보는 당연히 기업이 제공한 정보일 확률이 높다. 기업의 광고, 홈페이지의 회사 소개, 신문에 나오는 기사는 기업의 일방적인 메시지일 뿐이다. 대학생들이 취득한 정보가 질 낮은 정보에 속한다면 직장인들이 실제 일하면서 체험하고 느꼈던 생생한 회사 평가는 고급 정보다. 저급 정보를

잡플래닛 2015 상반기 일하기 좋은 기업 50

대기업군 25개 기업			중견/중소기업군 25개 기업	
현대엔지니어링(주) 건설업	★ 78.34	1	에이스프로젝트(주) IT/웹/통신	★ 88.71
다음카카오(주) IT/웹/통신	★ 78.24	2	알티캐스트(주) IT/웹/통신	★ 77
나이스평가정보(주) 은행/금융업	★ 75.47	3	배달의민족(주) IT/웹/통신	★ 74.67
대우건설(주) 건설업	★ 75.43	4	예스코어(주) IT/웹/통신	★ 74.18
현대오토에버(주) IT/웹/통신	★ 74.64	5	스포카(주) IT/웹/통신	★ 74
에스케이텔레콤(주) IT/웹/통신	★ 74.25	6	스패업애드(주) 미디어/디자인	★ 72.83
지에스건설(주) 건설업	★ 73.9	7	티엔에프프리더스(주) 교육업	★ 70.95
기아자동차(주) 제조/화학	★ 72.32	8	이스트소프트(주) IT/웹/통신	★ 70.71
에스케이하이닉스(주) 제조/화학	★ 71.25	9	엔에이치엔테크놀로지 서비스(주) IT/웹/통신	★ 70.48
에스케이플래닛(주) IT/웹/통신	★ 70.83	10	잡코리아(유) IT/웹/통신	★ 69.1
현대자동차(주) 제조/화학	★ 70.63	11	대상트코리아(주) 판매유통	★ 68.86
두산인프라코어(주) 제조/화학	★ 70.37	12	코리아센터닷컴(주) IT/웹/통신	★ 68.57
에스케이이노베이션(주) 제조/화학	★ 70.31	13	능률교육(주) 교육업	★ 68.55
대우인터내셔널(주) 판매유통	★ 70.18	14	드림씨아이에스(주) 의료/제약/복지	★ 68.5
네이버(주) IT/웹/통신	★ 70	15	컴투스(주) IT/웹/통신	★ 67.88
중소기업은행(주) 은행/금융업	★ 70	16	마이다스아이티(주) IT/웹/통신	★ 67.6
웅진씽크빅(주) 교육업	★ 69.93	17	대학내일(주) 미디어/디자인	★ 67.23

'일하기 좋은 기업 순위'와 '대학생이 가장 일하고 싶은 기업 순위'. 대학생이 취업을 원했던 상위 10개의 기업은 잡플래닛이 발표한 일하기 좋은 기업 10개 중에 단 한 곳도 포함되어 있지 않았다. 이 결과는 기업의 광고, 홈페이지의 회사 소개, 신문에 나오는 기사가 일방적인 메시지일 뿐이며 저급 정보라는 사실을 반증한다.

마케팅이 끝장났다고?

통해 얻어진 선호도와 실제 경험에서 나온 기업의 만족도가 일치하지 않는 것은 어쩌면 당연한 결과다. 갖고 싶은 제품과 구매 후 만족하는 제품이 다른 것과 마찬가지로 말이다.

국내 헤드헌팅 시장만 해도 어림잡아 5000~6000억 시장으로 추산된다. 기업에서 좋은 인재를 확보하는 일은 기업 경영에 중요한 경쟁력이다. 인사가 만사라는 말은 과장된 말이 아니다. 그래서 기업들은 좋은 인재를 찾기 위해 시간과 돈을 투자한다. 직장인들 역시 자신의 몸값을 높이거나 더 좋은 환경을 찾아 이직 시장에 뛰어든다. 과거, 이직을 위해 경력 사원들이 얻을 수 있는 정보는 대학생들과 다르지 않았다. 운이 좋으면 원하는 회사에 근무하는 지인을 통해 회사 정보를 얻을 수 있었다. 그렇지 못할 경우, 이직하고 싶은 기업이 자신의 기대치에 맞는지 알 수 있는 방법은 없었다. 하지만 잡플래닛과 같은 서비스가 생겨나면서 구직자들은 이직에 필요한 고급 정보를 얻을 수 있게 됐다. 그것도 무료로 말이다. 잡플래닛에는 직급 별 평균 연봉은 물론 면접 난이도나 후기, 현 직원이나 전 직원이 이야기하는 솔직한 회사의 장·단점을 만날 수 있다. 뿐만 아니라 승진 기회나 복지, 업무와 삶의 균형, 사내 문화, 경영진에 대한 별점 평가를 통해 회사가 어떤 세부 항목에서 어떻게 평가를 받고 있는지 확인이 가능하다.

구직자가 회사를 선택하는 것이 일종의 소비라면 구직 소비자는 과거에는 도저히 접근할 수 없었던 고급 정보에 손쉬운 접근이 가능해진 것이다. 좋은 인재들은 자신이 원하는 회사가 어딘지 쉽게 찾을 수 있게 되었다. 반대로 이제 기업들은 양질의 구직자들을 영입하려면 겉으로 보이는 이미지에만 기댈 수 없게 되었다. 장밋빛 미래를 이야기하며 채용 공고 포스터를 걸어도 모바일에 접속하면 회사의 적나라한 내부 평가를 얼마든지 확인할 수 있기 때문이다. 이처럼 구매 의사 결정에 결정적 역할을 해주는 정보의 고급화는 쇼핑 부문에서 더욱 활발하게 진화하고 있다.

세상의 모든 쇼핑몰은 할인을 한다. 다만 바쁘게 살아가는 소비자들이 그 할인 시기를 모를 뿐이다. 사고 싶은 물건이 생각보다 비싸면, 언젠가는 가격이 떨어질 것을 기약하며 쇼핑몰을 빠져나온다. 하지만 언제 가격이 내려갈지 모른다고 마냥 쇼핑몰에 접속해 있을 정도로 삶이 한가하지는 않다.

웨이브 프라이스Wave price는 전 세계 모든 쇼핑몰에 등록된 상품의 할인 정보를 제공한다. 이 서비스는 사용자가 상품을 담아둔 시점부터 가격 변동 폭을 제공해 할인 내역이나 가격 상승률을 한눈에 볼 수 있다. 사용 방법은 간단하다. 웹 서핑을 하다 마음에 드는 물건이 생기면 브라우저에 생성된 PIN+ 버튼을 누르면 된다. 이후 가격 변동이 생기면 스마트폰 알림을 통해 소비자에게 정보를 알려준다. 실제 대부분의 쇼핑몰은 재고에 대한 부담을 덜어버리기 위해 할인을 한다. 하지만 소비자는 할인 시점을 알지 못한다. 웨이브 프라이스는 국내 쇼핑몰뿐 아니라 전 세계 모든 쇼핑몰, 심지어 엔카와 같은 중고차의 가격이 떨어지는 것까지 알려준다. 국가, 통화 단위, 언어의 제한도 없고 다른 이용자들이 찾아낸 할인 정보도 공유된다. 구매할 시기를 추천해주기도 하며, 여러 유저들이 할인을 기다리는 인기 제품이 어떤 것인지 알 수도 있다. 이 서비스는 방대하게 흩어져 있는 할인 정보 중 원하는 상품의 할인 시기를 알려줌으로써 소비자에게 현명한 소비 타이밍을 알려준다.

웨이브 프라이스처럼 방대한 정보를 큐레이션함으로써 구매 결정을 도와주는 서비스들이 속속 등장하고 있다. 정보 큐레이션은 제품이나 서비스에 대한 평가를 더 쉽게 인지할 수 있도록 도와준다. 별점 역시 정보 큐레이션 역할을 충실히 수행해주며 모바일 상에서 존재감을 확대하고 있다. 불과 십수년 전만 해도 별점은 영화평에서나 사용되는 아이콘 정도에 불과했다. 하지만 이제 소비가 이루어지고 선택이 이루어지는 곳 어디서나 별점을 만난다. 별이 다섯 개라고 부르짖던 침대가 진짜 소비자에게 별을 5개 받고 있는지 확인하는 것은 어려운 일이 아니다. 애플 스토어, 구글 플레

방대한 정보 큐레이션. 웨이브 프라이스는 국내 쇼핑몰뿐 아니라 전 세계 모든 쇼핑몰, 심지어 엔카와 같은 중고차의 가격이 떨어지는 것까지 알려준다. 국가, 통화 단위, 언어의 제한도 없고 다른 이용자들이 찾아낸 할인정보도 공유된다. 구매할 시기를 추천해주기도 하며, 여러 유저들이 할인을 기다리는 인기 제품이 어떤 것인지 알 수도 있다.

이에서 1달러짜리 앱 하나를 구입해도 별점을 만나고 수천만 원짜리 자동차를 선택하기 전에도 별점을 만난다. 싸구려 앱부터 고가의 제품까지 실제 사용해본 구매자들의 만족도를 나침반 삼아 구매를 결정하거나 생각을 바꿀 수 있다. 나침반이 없던 시절, 별은 사람들에게 길을 찾아주는 역할을 했다. 이제 별은 현명한 소비를 도와주는 나침반 역할을 해준다. 학원을 수강할 때도, 맛집을 찾아갈 때도, 여행을 갈 때도 수많은 별들이 소비를 도와준다.

2015년 상반기 카카오가 선보인 카카오택시는 택시 이용 후 서비스 만족도를 별점으로 올릴 수 있다. 이 데이터가 누적되면 해당택시 기사가 얼마나 친절했는지 알 수 있어 택시를 선택할 때 유용한 정보가 된다. 반대로 택시 기사도 택시 이용자를 평가할 수 있다. 기사들 역시 손님을 태울지 말지를 결정하는 정보를 갖게 된다. 화장품 사용자들의 구매 후기와 평점을 제공하면 이를 랭킹으로 보여주는 글로우픽이나 영화에 별점을 매기고 별점에 따라 파악된 성향에 맞게 영화를 추천해주는 왓차도 모두 별점이라는 소비자의 평가 데이터를 이용해 구매 결정을 도와준다. 별점으로 대변되는 소비자의 적극적 소비 경험 공유는 기업과 마케터에게 많은 고민을 안겨준다. 모든 구매 의사 결정에 사용 고객들의 리뷰와 평점이 막대한 영향력을 행사한다면 마케팅이 개입해야 할 여지가 점점 줄어들 것은 당연하기 때문이다.

소비자는 과거에는 얻을 수 없었거나 혹은 너무 방대해서 접근하기 어려웠던 정보들을 얻고 간단한 리뷰와 별점들을 통해 더 편하고 정확한 소비를 누리고 있다. 빅데이터 분석이나 새로운 기술을 이용해 소비의 결정을 도와주는 서비스는 더 다양해질 것이고 소비자의 정보 권력은 더욱 강화될 것이다. 소비자가 네트워크로 더 강력하게 뭉칠수록 기업의 마케팅은 힘을 잃어갈 가능성이 높아진다. 물론 극단적으로 마케팅이 할 수 있는 것이 없어져 마케터가 사라지는 일까지 일어나지는 않을 것이다. 아니, 사라지지 않기 위해서는 이러한 변화들을 어떻게 수용하고 소비자의 관심을 끌지 고민이 필요하다.

소셜 미디어,
기회인가?
재앙인가?

결론부터 말한다면 둘 다이다. 허
니버터칩이나 말랑카우의 사례뿐
아니라 앞으로 이 책에서는 소셜
네트워크 시대가 만들어낸 다양한
스타 제품들을 이야기할 것이다.
하지만 소셜 미디어를 통해 소위 뜬 제품보다는 그렇지 못한 제품
이 더 많다. 옛날이라면 적당히 TV 광고로 대박은 아니더라도 어
느 정도 성공을 거둘 수 있었을 제품이 소셜 네트워크 시대를 만나
빛을 발하지 못한 사례도 많을 것이다. 그렇다면 과연 소셜 미디어
는 마케팅에게 기회일까? 아니면 그저 지옥일 뿐일까?

나는 광고 대행사에서 일하며 수많은 광고주들의 다양한 고민을
만난다. 그들 고민의 대부분은 소셜 네트워크 시대의 마케팅에 대
한 어려움의 토로이며, 자신들의 제품과 서비스를 더 잘 팔고 싶다

는 것으로 정리된다. 오랜 광고주 생활을 끝내고 광고 대행사에서 일을 하면서 느낀 점은, 기업의 마케터들이 소셜 네트워크 시대의 마케팅에 대한 어려움을 토로하면서도 소셜 미디어의 본질에 대해 깊이 있는 접근보다 피상적인 이해에 머물러 있다는 것이었다.

대부분 디지털 에이전시의 문을 두드리는 기업의 마케터들은 TV 광고 할 돈이 없으니 디지털 매체를 이용해 소셜 미디어에서 공유될 수 있는, 바이럴 효과가 가능한 마케팅 아이디어를 달라고 요청한다. 물론 일부 기업들은 앞서 이야기한 것처럼 전통적 매체를 이용한 광고 효과에 의문을 품고 새로운 미디어, 새로운 형식의 커뮤니케이션 전략을 원하기도 한다. 하지만 아직까지도 적지 않은 기업들은 TV 광고가 마케팅의 최고 수단이라고 인식하거나 디지털 미디어를 이용하면서도 물량으로 승부하면 성공할 것이라는 생각을 하고 있는 듯하다.

또 다른 차원의 경험은 마케팅 관점에서 소셜 미디어를 바라보는 인식이었다. SNS 운영 전략을 요구하는 클라이언트의 제안 요청서를 보면 가장 큰 목표가 팬 수(팔로어 수) 확대인 경우가 대부분이다. 요즘 기업이 소셜 미디어를 바라보는 단적인 모습이다. 기업 계정을 만들고 돈을 써서 팬을 모으고 그 팬들에게 자신의 제품을 홍보하는 정도의 마케팅 수단으로 인식하고 있는 것이다. 소셜 미디어를 바라보는 프레임 자체가 그렇다 보니 SNS 마케팅 전략 또한 팬 수를 늘리는 것에 국한되어 있는 것이다.

소셜 미디어 시대를 어떻게 이해하고 있고 그 시대를 살아가는 소비자들이 어떤 욕망을 어떻게 해결하고 있는지, 그 속에서 소셜 미디어가 마케팅에 어떤 역할을 할 수 있을지에 대한 이해가 선행되지 않고서 마케팅 대박은 요원한 일일 것이다.

다음 두 가지 사례는 소셜 미디어 시대가 기업의 마케팅을 실행하는 데 도움을 줄 수 있는지 혹은 걸림돌이 되는지에 대한 힌트를 줄 수 있을 것이다.

두산의 '사람이 미래다' 캠페인에 대한 기사가 2015년 11월《동아 비즈니스 리뷰》에 실렸다. 7년째 '사람이 미래다'라는 꾸준하고 일관된 기업 PR 광고에 대한 성과를 다룬 기사였다. 실제 두산의 이 캠페인은 취업을 준비하는 대학생들에게 높은 지지를 받으며 두산그룹을 취업하고 싶은 기업 1위의 반열에 올려놓기도 했다. 2012년에는 박용만 두산그룹 회장이 '한국의 광고 PR인' 시상식에서 '올해의 광고 카피라이터 상'을 수상하기도 했다. 기업의 총수가 카피라이터 상을 받은 건 '사람이 미래다'라는 카피로 캠페인을 꾸준히 진행한 데 대한 인정이었다.

기업이 7년 동안 하나의 캠페인을 진행한다는 것은 여간해서는 쉽지 않다. 하지만 두산은 일관된 메시지를 통해 꾸준히 캠페인을 해왔고 캠페인의 주 타깃이었던 취업 준비 대학생들에게 큰 호응을 얻었다. 하지만 2015년 말, 7년 동안 공들여 만들어놓은 두산의 브랜드 이미지는 한순간에 나락으로 떨어졌다. 사람이 미래라는 키워드를 통해 만들어진 브랜드 자산을 비용으로 환산한다면 실제 광고비로 투입된 수백억보다 훨씬 클 것이다. 이 모든 브랜드 자산이 날아가는 것은 순식간의 일이었다.

시작은 대한항공의 땅콩회항 사건과 비슷했다. 폐쇄형 앱 블라인드에 올라온 글이 사건의 시작이었다. 동일 회사, 동일 업종, 동일 직종에 근무하는 사람들이 모여 있는 블라인드는 익명으로 글을 쓴다. 따라서 같은 회사 사람이지만 누가 글을 쓰는지 알 수 없다는 익명성 보장을 통해 회사의 다양한 의견과 불만이 올라온다. 각 회사들이 사내 인트라넷을 운영하지만 익명성이 보장되지 않은 만큼 블라인드에서는 상대적으로 마음속에 있는 솔직한 이야기가 올라올 수 있다.

두산그룹의 계열사인 두산 인프라코어는 2015년 말 임직원 구조조정에 나섰다. 문제는 입사 1년차인 20대 직원들도 퇴직 대상이라는 데 있었다. 블라인드에 올라온 구조조정에 대한 불만의 글들이 캡처되어 다른 소셜 미디어를 통해 순식간에 퍼져나갔다. "현재까지 사원 대리급 90%가 전멸했다", "29살에 명퇴당하는 경험을 다 해본다", "여사원 23살 최연소 명퇴도 있다고 알고 있다", "술 먹는데 절반 이상 나가네요. 여자 동기들 다 우는 거 보기가 힘들어 잠시 나왔다" 등의 글들이 올라왔다.

기업의 구조조정 문제가 비단 어제 오늘의 일은 아니다. 그리 새로울 것도 없다. 그런데 왜 유독 두산의 구조조정 문제가 이렇게 큰 이슈를 만들었을까? 이유는 두 가지다. 하나는 지금이 소셜 네트워크 시대이기 때문이다. 블라인드처럼, 이제 사내에서 벌어지는 비상식적인 경영진의 횡포가 사내 문제만으로 끝나지 않는다. 블라인드 앱에 올라온 글 하나가 전 국민에게 노출되는 데 채 하루가 걸리지 않는다. 두 번째는 두산이 7년간 외쳐왔던 '사람이 미래다'라는 브랜드 캠페인 때문이다. 만약 다른 대기업에서 20대 신입사원이 명퇴를 당했다면 이처럼 큰 이슈가 되지 않았을 것이다. 하지만 '두산=사람이 미래다'라고 인식되어 있던 사람들에게 젊은 청년의 미래까지 나 몰라라 한 두산의 이율배반적 행태에 상대적으로 더 큰 실망을 느꼈을 것이다. 네티즌들은 급기야 '사람이 미래다'의 카피를 패러디해, "사람이 노예다" "퇴직이 미래다" 등의 카피를 만들어 두산을 비난했다.

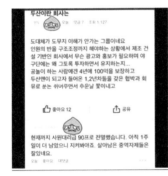
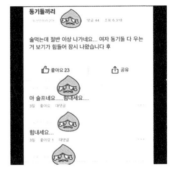

두산그룹의 계열사인 두산 인프라코어는 2015년 말 임직원 구조조정에 나섰다. 문제는 입사 1년 차인 20대 직원들도 퇴직 대상이라는 데 있었다. 블라인드에 올라온 구조조정에 대한 불만의 글들이 캡처되어 SNS를 통해 순식간에 퍼져나갔다.

마케팅이 끝장났다고?

브랜드 선호도를 높이고, 두산을 취업 희망 1순위로 만들어놓았던 광고 캠페인이 하루아침에 두산그룹을 비난하는 도구로 바뀌어버린 것이다. 이렇게 수백, 수천억 원의 마케팅으로 만들어놓은 브랜드 이미지가 한순간에 나락으로 떨어진 사례는 대한항공이 먼저 보여주었다. 땅콩회항 사건으로 브랜드 이미지에 큰 타격을 입었던 대한항공은 취업 포털 인크루트가 조사한 '2014년 대학생 선호 기업' 1위에서 2015년 9위로 추락했다. 브랜드 가치 평가 회사인 브랜드스탁이 발표한 '2015년 대한민국 100대 브랜드'에서도 2014년 6위에서 2015년 39로 추락, 아시아나항공에게 항공사 1위 자리를 내줘야 했다. 이것이 바로 소셜 네트워크 시대 마케팅의 단면이다.

이제 소비자는 누구보다 빠르게 정보를 찾아내고 분석할 줄 아는 힘을 가졌다. 때문에 표면에 가려진 기업의 마케팅 의도까지 정확히 알아차린다. 아무리 기업 슬로건이나 광고 카피에 '고객 중심' '고객 혜택'을 적어놓는다 해도 위장막 속에 가려진 기업의 꼼수를 알아차릴 수 있게 됐다. 하지만 소비자가 기업의 꼼수만을 알아내고 까발리는 일만 하는 것은 아니다. 진정성을 담고 있는 기업의 철학, 철학을 바탕으로 이뤄지는 긍정적 행위에 대해서는 자발적인 홍보도 서슴지 않는다. 최근 마케팅의 뜨거운 감자라 불리는 주목할 만한 사례는 LG전자가 만들어내고 있다.

LG는 백색가전 시장의 선두주자로 이름을 날렸지만 휴대폰, 스마트폰 시장에서 삼성전자에 밀리며 수년간 고전 중이다. 2012년부터는 LTE 시장에서 선방하고 있지만 그룹 계열사인 LG유플러스는 초기 통화 품질 문제로 시작된 브랜드 이미지를 여전히 극복하지 못하고 있다. B2C 시장에서 소비자를 만나는 LG그룹의 두 계열사 상황이 이렇다 보니 각종 커뮤니티를 중심으로 엘지를 '헬지'라 조롱하는 사람들이 생겨날 정도였다. 그런데 2015년부터 트위터에서 LG전자를 시작으로 LG그룹의 마케팅에 대한 재조명 붐이 일어나기 시작했다.

재조명에 대한 시작은 LG전자의 마케팅에 대한 비난이었다. 소셜 미디어를 중심으로 LG전자 마케팅의 흑역사를 조롱하는 글들이 공유됐다. 대표적인 사례는 G2 런칭 행사다. G2 스마트폰 발매 기념으로 풍선 안에 든 쿠폰을 G2로 교환해주는 이벤트가 제대로 통제되지 않으면서 풍선을 차지하려고 달려든 시민들이 다치는 사고가 발생한 것이다. 또 다른 사례는 블루투스 이어폰 LG톤플러스의 맥북 에어 경품 사건이다. 이벤트 인쇄물에 적힌 경품 '맥북 에어'는 실제 맥(맥스봉), 북(도서 상품권) 에어(나이키 에어)였다. 당연히

LG 정도의 대기업에서 진행하리라고는 상상하지 못한 이벤트로 한동안 욕을 먹었다. 이 밖에도 LG 디오스 PR 자료에 나온 우스꽝스러운 모델 콘셉트나 2015년 하계 유니버시아드에서 손연재 선수가 G4로 셀카를 찍는 모습이 각종 미디어에 노출됐는데도 이를 마케팅에 활용하지 못했다는 이야기들이 LG 마케팅 팀의 흑역사라는 이름으로 SNS를 떠돌았다.

이렇게 LG전자의 마케팅을 비난하거나 조롱하던 글들은 2015년 10월에 출시된 스마트폰 V10의 금속 베젤이 진짜 금으로 도금된 사실이 밝혀지면서 새로운 국면을 맞게 된다. 처음엔 역시 마케팅을 못한다는 것으로 시작되던 여론은 "소비자가 좋아할 만한 것들을 왜 마케팅에 활용하지 않는가"에서 "LG는 기술이나 품질은 좋은데 마케팅을 잘 못한다"며 마케팅이 아닌 기술이나 품질 쪽으로 포커스가 이동하게 된다. 자연스럽게 그간 LG전자 제품에 대한 재조명이 시작됐다.

"LG전자 초경량 노트북 그램 PC는 980g이라고 광고에 나오지만 실제로는 963g이어서 더 가벼운 것을 무겁다고 마케팅하고 있다."

"20만 원대 모니터에 들어간 하드웨어 캘리브레이션 기능은 수백만 원대 제품에 들어가는 사양인데 마케팅 포인트로 사용하지 않는다."

LG가 마케팅을 못한다는 것으로 시작된 여론은 "소비자가 좋아할 만한 것들을 왜 마케팅에 활용하지 않는가"에서 "LG는 기술이나 품질은 좋은데 마케팅을 잘 못한다"며 마케팅이 아닌 기술이나 품질 쪽으로 포커스가 이동하게 된다. 자연스럽게 그간 LG전자 제품에 대한 재조명이 시작됐다.

"V10 스마트폰의 DSD 재생 기능, 쿼드비트3 Tune By AKG는 고급 오디오에 들어가는 아주 좋은 사양인데 널리 알리 않는다."

"2012년 7월 남아프리카공화국 요하네스버그를 급습한 토네이도에 집은 날아갔는데, LG 냉장고만 멀쩡히 남아 있었다."

"아파트 9층에서 이불을 털다가 LG의 최신 폰 V10을 떨어트렸는데 액정 하나 깨지지 않았다. 알고 보니 V10은 미국 국방부의 MIL-STV 810 등급을 획득한 제품으로 이론적으로는 122cm 높이에서 콘크리트 바닥에 26번 떨어트려도 기기가 손상되지 않는다는 의미다."

LG전자의 마케팅을 '디스'하는 것으로 시작되었지만 실상 이후 재조명된 내용들은 LG전자 제품들의 우수성을 알리기에 충분한 것들이었다. 소비자들의 자발적 마케팅은 급기야 'LG 마케팅을 대신해주는' 트위터 계정의 탄생까지 이어졌다. SNS에서는 LG 대신 홍보해주기 놀이가 시작되면서 제품과는 상관없는 LG의 숨은 선행까지 찾아냈다.

"복지시설에 기부 좀 하려고 알아보는데 그쪽 실무자가 '기왕이면 엘지 제품으로 부탁한다'고 하더라고요. 궁금해서 왜냐고 물어보니 엘지는 복지시설 제품은 무제한 무료 AS를 해준대요."

이런 숨은 LG전자의 선행이 적힌 캡처 이미지는 수많은 공유를 통해 소비자에게 전달됐다. 이뿐 아니라 '창업주 구인회의 독립운동 지원과 국내외 독립운동 유적 지킴이 후원', '북한 지뢰 도발 사건으로 다리를 잃은 장병 등 꾸준히 사회의 의인들을 지원해주는 LG 의인상', 'LG유플러스 병사 수신용 스마트폰 사업 1원 입찰' 등의 선행들이 소비자들에 의해 공유되고 퍼져나갔다. 급기야 알파고와 이세돌의 바둑 대결에서 이세돌의 와이셔츠에 너무 작아 보이지도 않는 G5 로고를 넣었던 사례는 '겸손 마케팅'이라는 새로운 마케팅 신드롬을 만들어주었다.

제대로 된 마케팅을 하지 못한다는 비난과 조롱을 받았던 LG는 역설적이게도 그 소비자들에게 재조명을 받으며 '마케팅 못하는 LG'에서 '알고 보니 사랑받아야 하는 기업 LG'로 이미지가 변해가고 있다. 이런 흐름이 얼마나 이어질지는 모른다. 실제 LG 제품의 판매량에 어떤 영향을 미치고 있는지도 아직은 밝혀지지 않았다. 하지만 증권업계는 이런 LG의 마케팅 신드롬을 반영이라도 한 듯 목표 주가를 상향 조정했다.

LG의 창업주가 독립운동을 지원하고 복지재단 운영을 통해 기부를 하거나 복지시설 제품에 무제한 AS를 한다는 사실은 새로운 이야기는 아니다. 수십 년의 역사를 간직한 기업이 오늘에야 재조명받을 수 있는 것은 지금이 소셜 네트워크 시대이기 때문이다. 앞서 언급한 것처럼 소비자는 이제 무한한 정보에 접근하고 또 그 정보를 무한히 공유할 수 있는 힘을 갖고 있다. 이런 힘을 통해 기업은 또 다른 성장 동력을 얻을 수 있을 것이며, 반대로 성장에 커다란 걸림돌이 될 수도 있을 것이다.

PART 2

'좋아요'에
숨은 심리

1장에서 소셜 네트워크 시대가
마케팅 지형에 어떤 변화를 가지
고 왔는지를 살펴봤다면 2장에서
는 소비자에게 시선을 돌려보고
자 한다. SNS 마케팅의 본질은
소셜 네트워크 시대를 사는 소비자가 어떻게 변화하고 있는지를
이해하는 데 있다. 페이스북, 인스타그램, 카카오스토리의 매체 특
성이 어떻게 다르고 사용자 타깃의 차이는 무엇인지, 공유하는 콘
텐츠의 차이가 무엇인지는 SNS 마케팅의 표면적 이해에 불과하다.

마케팅은 소비자가 소셜 미디어를 통해 어떤 물건에 대해 이야
기하고 어떤 제품을 추천하고 공유하는지, 소비자의 욕망이 어떻
게 표출되고 있고 그 과정에서 소셜 미디어가 어떤 역할을 하고 있
는지를 이해해야 한다. 소셜 네트워크 시대를 살아가는 소비자의

심리 변화 혹은 소셜 미디어를 통해 강화되거나 약화되는 욕망 등을 들여다보는 것이 SNS 마케팅의 핵심이다.

기술보다 중요한 것은 고객을 아는 것이다. 혁신 기술로 무장한 제품도, 수천 명의 소비자 검증을 통해 태어난 제품도 출시 후 소비자의 외면을 받았던 수많은 사례를 우리는 잘 알고 있다.

에디슨이 축음기를 개발했을 때 예상했던 시장의 활용도 순위는 첫 번째가 속기사 역할을 대신할 받아쓰기 도구였다. 두 번째가 맹인에게 책을 읽어주는 기계, 세 번째가 스피치 교육을 해주는 기계, 네 번째가 음악 재생기였다. 이런 예측을 통해 에디슨은 우선순위부터 상용화를 시작했지만 실패를 거듭했다. 그 후 20년간 축음기는 상업적 가치가 없다는 평가를 받았다. 다른 발명가가 에디슨이 4순위에 놓았던 용도의 제품을 개발하면서 축음기 기술은 시장에서 빛을 볼 수 있었다. 뛰어난 기술력도 시장과 고객에 대한 통찰 없이는 결코 성공할 수 없음을 보여주는 사례다. SF 영화에서 인류의 삶을 바꿔놓을 것 같았던 영상통화는 이제 메신저보다 못한 서비스가 되어버렸다. 있으면 좋을 것 같은 혁신적 기능도 고객에게 외면당할 수 있다는 사실을 증명한 것이다.

그렇기 때문에 상품 기획 단계에서 고객을 통찰할 수 있는 역할에 좀 더 가까이 있는 마케팅이 개입해야 한다. 소셜 미디어가 활성화된 지금 소비자는 언제든 공유할 준비가 되어 있다. 하지만 고객이 공유하고 싶은 것은 제품이 아니다. 고객은 단지 자신의 이야기를 공유하고 싶을 뿐이다. 제품에 얽혀 있는 자신의 이야기를 공유하는 것이다. 한정판 운동화를 사거나, 새로 나온 스마트폰을 사거나 허니버터칩 열 봉지를 샀다고 자랑하는 사진들의 본질은 제품을 광고해주겠다는 의도가 아니다. 내가 남들보다 부지런하거나 혹은 운이 좋다거나 돈이 많다는 것을 자랑하고 싶을 뿐이다. 말랑카우를 모닥불에 구워 먹은 이야기를 페이스북에 올리는 것은 캠핑의 즐거움을 자랑하고 싶은 욕망의 표현일 뿐이다.

고객을 중심에 둔다는 것, 고객 인사이트를 찾겠다는 것은 결국 고객의 공감을 이끌어낼 수 있는 포인트를 찾아나가는 마케팅의 여정이다. 기존의 것보다 혹은 경쟁 제품보다 차별화되거나 참신하다고 해서 무조건 마케팅의 성공을 보장받는 것은 아니다.

경영학의 대가 피터 드러커는 "좋은 광고란 무엇인가?"라는 질문에 "내 이야기를 하는 것 같은 느낌"의 광고라고 답했다. 고객이 공감하고, 그래서 이야기를 하게 만들 수 있는 제품과 마케팅이 필요하다. 소셜 네트워크 사회에서 고객이 무엇 때문에 물건을 구입하고 공유하며, 그 기저에 깔려 있는 소비자의 심리는 과연 무엇인지 좀 더 살펴보도록 하자.

최고의
인정 욕구
플랫폼

무인도에서 혼자 살던 한 남자가 어느 날 파도에 실려온 여자를 발견한다. 남자는 여자를 인공호흡으로 살려냈다. 여자는 목숨을 구해준 남자에게 감사의 인사를 전하며 아름다운 긴 머리칼을 쓸어넘겼다. 남자는 그 여자가 동시대 최고의 미인으로 영화계를 주름잡는 대스타임을 금세 알아차렸다. 그녀는 보트 여행 중 태풍을 만났고 정신을 차려보니 무인도까지 오게 된 것이었다. 남자는 꿈에서나 만날 거라 생각했던 미녀 여배우와 꿈같은 시간을 보내게 되었다. 섬은 온화하고 먹을 과일들이 널려 있어 살아가는 데 부족함이 없었다. 둘은 사랑에 빠졌고 함께 보내는 시간은 달콤했다. 하지만 어느 날부터 남자는 조금씩 침울해져갔다. 여자는 남자의 어두운 표정을 놓치지 않았다. 도와줄 것이 없냐는 여자의 물음에 남자는 지체 없이 대답했다. 자신이 입고 있던 옷을 입고 얼굴에 수염을 그린 다음 섬 한 바퀴를 돌아달라고 부탁했다. 의외의 부탁에 여자는 어리둥절했지만 남자의 이야기를 들어주었다. 여자가 남자 행세를 한 채 해변을 거닐고 있을 때 반대 방향에서 걸어온 남자가 그녀를 향해 이렇게 소리쳤다.

"이봐요. 아저씨. 내가 지금 어떤 여자와 함께 살고 있는지 알고 있소? 내가 그 여자의 이름을 말하면 당신은 아마 나를 미친놈이라고 할 거요."

구본형의 칼럼에서 발췌한 이 이야기는 인간이 얼마나 타인에게 인정받고 싶어 하는 욕망이 강한지 보여준다. 미국의 심리학자 에이브러험 매슬로우는 인간의 내면에 존재하는 욕구를 다섯 단계로 나눴다. 인간은 생리적 욕구가 충족되고 나면 안전의 욕구가 발현되고 그다음엔 소속과 애정에 대한 욕구, 마지막으로 자기 존중과 자아실현의 욕구로 이어진다고 주장했다. 이 중 4단계 욕구에 해당하는 자기 존중의 욕구는 자신감이나 성취감 같은 것이며 더불어 타인으로부터 인정받고 존경받고자 하는 욕구다. 이런 인정 욕구가 충족되어야 자신감이나 통제력이 생겨난다.

사람들이 소셜 미디어에 올리는 글들을 살펴보면 자신이 어떤 물건을 구매했고, 무슨 음식을 먹고 어디를 놀러 갔는지 알리는 자기 과시형 글들이 대부분이다. 소셜 미디어의 자기 과시형 글들이 친구 관계에 질투를 유발하고 호감을 떨어뜨린다는 조사 결과도 있지만, 어쨌거나 자신을 과시하고자 하는 심리가 오래된 인간의 본성임은 부정할 수 없다. 자랑질의 시대가 열렸다기보다는 소셜 미디어가 더 효과적으로 많은 사람에게 언제 어디서나 자랑을 할 수 있는 토대를 마련해주었다는 것이 더 정확한 표현일 것이다.

소셜 네트워크 사회에서의 마케팅을 위해서는 이처럼 인간의 기본적 욕구에 속하는 인정 욕구를 파악하는 것이 중요하다. 매슬로우의 연구에서처럼 5단계의 자아실현 욕구를 제외한 욕구들은 인간의 본능에 가까운 기본 욕구로 분류된다. 인정 욕구는 말 그대로 먹고 싸는 생리적 욕구나 위험에서 벗어나고 싶은 안전 욕구처럼 인간의 본능에 가까운 욕구다.

예전에는 이런 인정 욕구를 발현하는 것이 쉬운 일이 아니었다. 부모에게 칭찬을 받거나 선생님과 친구들처럼 나를 둘러싼 주변의 관계 속에서 면대면을 통해 인정받는 것이 전부였다. 하지만 시대가 달라졌다. 스마트폰, 모바일 네트워크, SNS만 존재하면 시간 장소에 관계없이 지인들은 물론 일면식 없는 사람들에게도 당당히 인정받을 수 있는 시대가 된 것이다.

소셜 미디어는 그야말로 인정 욕구를 충족할 수 있는 최적화된 플랫폼이다. 소셜 미디어에서는 사진 한 장만으로도 사람들을 울고 웃게 만드는 주인공이 될 수 있다. 이런 인정 욕구의 발현은 새로운 트렌드를 만들어냈다. 바로 인증샷 문화다. 기존의 인증샷은 신뢰성을 담보로 개인의 발언이나 행동을 증명하는 데 이용되었다. 선거에서 투표 인증샷을 올리는 것이 시초였다. 이제는 남들이 사기 힘든 물건, 먹어보기 힘든 음식, 특별한 장소 방문 같은 모든 일상이 인증샷으로 공유된다.

과거 매스 미디어는 일부 기업의 소유였고 미디어에 등장하는 것은 유명한 사람들만의 특혜나 다름없었다. 생방송을 위해 방송 차량에 갖가지 장비를 한가득 싣고 출동해야 했다. 이제는 LTE 네트워크에 연결된 스마트폰 하나면 개인도 방송국 못지않은 미디어가 된다. 이런 환경은 드라마의 주인공, 화제의 주인공이 되고 싶은 개인의 인정 욕구에 불을 붙여준 것이나 다름없다. 건강한 자기애는 내재되어 있는 인정 욕구의 발현이다. 소셜 네트워크 시대에 '셀카'나 '인증샷' 문화는 어찌 보면 인간의 내적 욕망을 잘 보여주는 현상이기도 하다. 물론 미국 정신의학회가 자신의 사진을 많이 찍어 소셜 미디어에 올리는 것을 일종의 정신질환으로 진단하며 '셀피티스selfitis'라고 명명한 것은 소셜 네트워크 시대의 어두운 그림

자이기도 하다. 한 설문조사는 페이스북이나 카카오스토리와 같은 소셜 미디어에 올라오는 자기 과시형 자랑질 때문에 스트레스를 받는다는 직장인이 35%에 달했다. 뿐만 아니라 자기 과시 욕구가 도를 넘어서 동물 학대 사진을 올려 관심을 끌거나, 사고 현장 또는 장례식장 등에서 인증샷을 찍어 논란이 일어나는 사례가 늘어나고 있기도 하다.

일부 과한 인증 욕구가 문제되기도 하지만 그만큼 소셜 네트워크 시대를 맞아 봇물 터지듯 다양한 인정 욕구가 분출되고 있다. 소셜 네트워크 시대의 마케터는 이를 이해해야 한다. 앞서 언급했던 허니버터칩이나 말랑카우의 사례처럼 셀카나 인증샷의 일상화는 소비자의 구매 의사 결정 단계에서 매우 중요한 변수로 작용하고 있기 때문이다. 구매 가능 범위를 벗어난, 무리한 소비를 통해 자기를 과시하는 베블런의 '과시적 소비' 개념(베블런 효과)이 인정 욕구를 강화한 소셜 네트워크 시대와 만나면 더 다양한 소비 형태로 발현될 가능성이 높다.

과거에는 과시 소비를 해도 자신을 인정해주는 사람을 만나는 것이 쉽지 않았다. 인정에 대한 기준도 명확하지 않았다. 따라서 고급 자동차나, 명품 가방, 귀금속 같은 고가 제품이 안정적인 과시 소비였다. 고가 제품으로 부러움의 시선을 감지하는 것이 인정 욕구 해소의 수단이었다. 하지만 이제는 페이스북의 '좋아요' 하나면 인정 욕구를 해결하는 것이 가능하다. 그러다 보니 높은 가격이나 유명 브랜드만이 과시 소비의 절대 기준이 되지 않는다. 남들에게 인정받을 수 있는 다양한 상황이 발생할 수 있고, 그것을 통해 과시 소비를 대신할 수 있다. 먹고 싶어도 못 먹는 음식, 갖고 싶어도 못 갖는 물건, 남들보다 일찍 가진 물건, 동일 상품의 최저가 구매 등 더 많은 자랑거리들이 생겨났다.

마케팅이 주목해야 하는 것은 과시 소비의 기준이 소셜 네트워크 시대에 들어와 더 복잡해지고 다양해졌다는 점이다. 페이스북의 '좋아요' 하나면 자신의 소비를 정당화하고 인정받을 수 있는 시대가 된 것이다. 가격이나 브랜드라는 기준이 일관되게 적용되어 온 과시 소비가 큰 전환점을 맞이한 것이다. 이것이 과시 소비의 다양화다.

그렇다면 과시 소비의 다양화 현상은 소비자의 구매 결정에 어떻게 영향을 주고 있는 걸까? 한 증권사에서 발표한 보고서에 따르면 허니버터칩 열풍 뒤에는 과시형 소비문화의 확산이 자리 잡고 있다는 분석이 나오기도 했다. 타인의 시선을 통해 얻을 수 있는 만족감 때문에 제품을 사는 소비자가 늘고 있고, 비싸고 좋은 것을 구입하지 못한다면 모두가 원할 만한 것을 타인보다 '먼저' 소유하는 것도 중요해지고 있다는 것이다. 이 보고서는 이런 흐름이 베블런 효과와 밴드웨건 효과의 결합이라고 진단했다. 밴드웨건 효과는 편승 효과라고도 하는데, 대중적으로 유행하고 있는 정보가 그 선택에 더욱 힘을 실어주게 되는 효과("남들이 사니까 나도 산다.")를 말한다. 베블런 효과는 미국의 사회학자 소스타인 베블런이《유한계급론》에서 "상층 계급의 두드러진 소비는 사회적 지위를 과시하기 위해 자각 없이 행해진다."라고 주장한 데서 기원을 찾을 수 있다. 그 후로 가격이 올랐거나 고가임에도 불구하고 과시와 허영심으로 수요가 줄지 않거나 증가하는 현상을 베블런 효과라고 불러왔다.

소셜 미디어는 베블런 효과를 좀 더 증폭시키는 역할을 하고 있다. 소셜 미디어가 존재하지 않았던 시절의 과시는 주변 일부에게만 가능했다. 하지만 지금은 사진 한 장만으로 촘촘히 연결된 네트워크를 이용해 빠른 시간 안에 자랑이 가능해졌다. 실제 허니버터칩 열풍이 시작되자 각종 소셜 미디어에는 허니버터칩을 구했다는 자랑 아닌 자랑 글들이 수도 없이 넘쳐났다. 과자 하나가 부러움을 사는 기현상이 나타난 것이다. 페이스북이나 트위터가 없던 과거를 생각해 본다면 과자 한 봉지로 과시가 가능하다는 것은 상상되지 않는다. 비단 허니버터칩이 아니더라도 개봉 초기 예매조차 어려웠던 〈인터스텔라〉를 3D로 보았다거나 몇 날 며칠 줄을 서서 남들보다 먼저 아이폰을 구했다는 글들도 이와 맥락을 같이하는 현상이었다.

자기 과시를 위해서 사람들은 남들보다 먼저 구입하거나 싸게 구입하거나 희소가치가 있는 스페셜 에디션을 구입했다는 글들을 소셜 미디어에 올린다. 소비자는 그 글들에 대한 반응을 확인하면서 구매 전 평가 단계에서 확신을 얻으려고 한다.

이런 현상들이 지속적으로 발생함에 따라 마케팅은 새로운 소비 패턴을 분석하고, 그에 따른 마케팅 대안을 만들어내야 한다. 트위터의 인증샷과 자랑질을 통해 허니버터칩이 시장을 휩쓸 때 유통망만 믿고 유사한 제품이나 찍어내려는 안일한 방법으로는 부족하다. 베블런 효과나 밴드웨건은 하루아침에 만들어진 소비 심리 현상이 아니다. 이런 욕망에 불을 지피게 된 현재의 트렌드 변화, 소셜 미디어를 이용하는 소비자들에 대한 깊이 있는 연구와 분석이 필요하다.

많은 기업이 연간 수천만 원에서 수억 원을 들여 페이스북이나 카카오스토리 같은 소셜 미디어를 운영하고 있다. 엄청난 돈을 들여가며 SNS 마케팅 담당자들이 하고 있는 것은 고작 사람들이 점심시간에 어떤 메뉴를 먹고 싶은지, 퇴근 후에 어디로 회식을 가는 게 좋을지, 혹은 울림 없는 메아리 같은 신상품 출시 이벤트 같은 것들이다. 소셜 미디어를 단순한 홍보 수단이나 고객과의 관계를 강화하는 수단으로만 본다면 수억 원의 돈을 광고 대행사와 소셜 미디어 회사에 기부하는 것과 다르지 않다.

사람과 사람, 정보와 정보가 연결된 시대에 고객 인사이트를 찾아내고 그것을 이용한 마케팅에 돈과 시간을 쏟아야 한다. 어떻게 하면 고객이 더 자기 과시를 잘할 수 있게 할 것인지 어떤 제품, 어떤 포장, 어떤 프로모션이 자랑질을 더 부채질할 수 있게 만들 것인지에 대해 고민하는 것이 더 값질 수 있다. 서울대 김난도 교수는 《트렌드 코리아 2015》에서 SNS와 스마트폰으로 만들어진 '일상의 자랑질'을 트렌드로 꼽았다. 그는 기업들에게 소비자들이 더 근사하게 자랑질할 수 있도록 물건 대신 그들의 이미지 프레임을 채워줄 이야깃거리와 경험을 기획하라고 주문했다.

그렇다면 사람들이 소셜 미디어를 통해 어떤 물건들을 자랑질하고 어떤 순간, 어떤 특징이 있는 제품과 서비스를 자랑하는지 알아야 한다. 사회가 변화하면서 실제로 소비에 대한 자랑거리들도 바뀌고 있다. 면대면을 통해 자랑하던 시기에는 이야기를 통해 시시콜콜 자랑하는 일이 쉽지 않았다. 눈에 보이는 것들, 비싼 것들이 자랑거리의 대부분이었다. 하지만 지금은 남들보다 싸게 사거나 남

들보다 먼저 사고, 남들은 살 수 없는 것을 사는 것과 같은 다양한
소비 행태가 모두 자랑거리가 된다.

브랜드를
이기는
가성비의 힘

2012년 9월 27일 네이버 검색 순위에 낯선 단어가 급상승했다. 옵티머스G도 아니고 왜 옵티머스G 이어폰이 급상승 키워드가 되었을까? 2012년 LG전자는 차세대 전략 폰으로 야심차게 준비해온 옵티머스G를 출시했다. 옵티머스G 역시 출시와 동시에 많은 이들의 관심을 받았지만 오히려 더 큰 관심을 갖게 만든 것은 번들로 제공하는 '쿼드비트' 이어폰이었다. 번들 제품은 주 상품에 끼워주는 상품이다. 번들 제품에 대한 관심도가 높았던 사례는 없었다. 그런데 휴대폰에 끼워주는 이어폰이 휴대폰보다 더 주목받는 진풍경이 일어난 것이다. 쿼드비트 이어폰은 번들 상품이긴 했지만 각종 음향 전문 사이트에서 좋은 평가를 받았다. 고음 대역폭이 넓고 투명하여 맑은 소리를 내며, 하이

파이 사운드에 가까운 것은 물론 드럼, 베이스의 저음까지 잘 분리되어 20만 원대 이어폰과 비교해도 손색이 없다는 평가였다. 디자인이나 케이블의 품질도 기존의 번들 이어폰과는 달랐다. 케이블은 일명 '칼국수 줄'로 불리는 플랫코드를 사용해 잘 엉키지 않도록 했다.

그럼에도 불구하고 이 번들 이어폰의 가격은 1만 8000원에 불과했다. '이어폰을 사면 번들로 스마트폰을 주는 수준', '몇 주가 돼도 좋으니 예약부터 하겠다', '가성비의 갑이 나타났다', '번들 이어폰의 혁명'이라는 이야기들이 SNS에 넘쳐났다. 소비자들의 평가는 매우 빠른 속도로 SNS를 통해 퍼졌다. 급기야 실시간 검색어에 이름을 올리고 '쿼드비트'는 매진 사태가 이어졌다. 덩달아 옵티머스G에 대한 관심도 늘어났다. 물론 이어폰 하나로 스마트폰의 판매량을 견인한 것은 아닐 테지만 옵티머스G는 출시 3개월 만에 100만 대를 팔아치웠다. 그전까지 고전을 면치 못하던 스마트폰 사업에서 LG는 최단 기간 밀리언셀러를 기록한 스마트폰을 만들어냈다.

소셜 네트워크 환경의 비즈니스는 이렇듯 전혀 예상치 못한 상황에서 예상치 못한 결과를 만들어내기도 한다. 하지만 예상치 못한 결과들이 모이게 되면 전형이 만들어진다. 처음에는 왜 이런 결과가 만들어졌는지 의아해하지만 결국 소셜 네트워크로 연결된 소비자들이 열광하는 패턴도 정형화된다. 마케팅은 이런 패턴들을 주목하고 소비자들이 열광하는 길목에서 그들을 만나야 한다. 가성비에 대한 소비자의 반응은 그런 면에서 주목해야 할 패턴이다.

김난도 교수도 《트렌드 코리아 2016》에서 그동안 마케팅의 핵심 자산의 개념이었던 브랜드보다 가격과 성능의 비율이 제품 선택의 중요한 기준이 되고 있다고 말했다. 브랜드가 곧 품질이라는 명제가 흔들리고 소셜 미디어를 통해 풍부한 정보, 다양한 간접 경험을 얻을 수 있는 소비자들이 브랜드와 품질을 분리하고 합리적인 가격으로 좋은 제품을 선택하고 있다는 것이다.

대륙의 실수라는 어색한 칭찬에서 극강의 가성비 제품으로 인기몰이를 하고 있는 샤오미를 보면 가성비의 인기를 더 실감할 수 있다. 가성비란 가격대비 성능을 일컫는다. 가성비는 정보 권력의 이동이 만든 새로운 유행 단어다. '대륙의 실수'라는 단어가 내포하듯 중국산 제품은 저가의 뒤떨어진 품질이라는 이미지를 가지고 있었다. 그렇기 때문에 중국산 저가 제품임에도 불구하고 고품질을 자랑하는 샤오미 제품이 시장에 나타나자 사람들은 대륙의 실수라는 표현을 썼다.

2015년 1년 동안 가격 비교 사이트 에누리 닷컴의 디지털 가전

쿼드비트 이어폰은 휴대폰에 끼워주는 번들 상품이긴 했지만 각종 음향 전문 사이트에서 좋은 평가를 받았다. '번들 이어폰의 혁명'이라는 이야기들이 SNS에 넘쳐났다. 급기야 실시간 검색어에 이름을 올리고 '쿼드비트'는 매진 사태가 이어졌다. 덩달아 옵티머스G에 대한 관심도 늘어났다. 옵티머스G는 출시 3개월 만에 100만 대를 팔아치웠다.

카테고리 안에는 샤오미 제품들이 대부분 인기 순위 5위 안에 포진되었다. 특히 대륙의 실수라는 단어를 처음 이끌어낸 샤오미 보조 배터리는 해당 카테고리의 1, 2, 3위를 모두 장악했다. G마켓에서도 샤오미의 보조 배터리, 체중계, 이어폰 등이 베스트셀러 자리에 올랐다. 티켓몬스터는 2015년 상반기 가전 상품군 분석 결과 중국 가전제품의 매출이 2.7배 늘어났다고 발표했다. 티몬의 휴대폰 액세서리 비중은 2015년 25%를 넘어섰고 보조 배터리 판매량의 89%가 샤오미였다. 옥션, G마켓, 11번가 등의 오픈 마켓에서는 2015년 디지털 주변기기 부문에서 샤오미의 점유율이 10배 가까이 늘어났고 매출은 2014년 대비 최대 900%까지 오른 것으로 집계되었다.

보조 배터리의 인기 이후, 샤오미의 상품은 출시 때마다 소비자의 시선을 끌었다. 웨어러블 밴드인 미밴드의 경우 2만 원대의 가격임에도 십수만 원 넘는 웨어러블 밴드 못지않은 성능 평가를 받았다. 공기 청정기 미에어는 옥션에서 단독 판매를 시작하자마자 반나절 만에 1000대 넘는 수량이 완판되기도 했다. 샤오미의 블루투스 체중계인 미스케일의 가격은 3만 원 내외지만 스마트폰 앱과 연동해 불과 몇백 그램 늘어난 무게까지 인식한다. 뿐만 아니라 몸무게를 통해 사용자가 누구인지 인식하기도 한다. 공기청정기는 유사한 성능의 국내 제품보다 50% 이상 저렴하며 스마트폰으로 원격 제어도 할 수 있다. 샤오미의 2만 원대 이어폰인 피스톤 시리즈는 성능 면에서 10~20만 원대의 고급 이어폰과 비교해도 뒤지지 않는 다는 평가를 받았다. 실제 독일에서 개발된 메탈 하이브리드 진동 판 기술 등 고급 제품에서 구현되는 기능을 탑재했고 레드닷 디자 인 어워드 에서 수상할 만큼 디자인에도 공을 들였 다. 이 제품은 신제품이 나올 때마다 매진돼 구하기 어려울 정도다.

샤오미는 2016년 3월 무역유통 업체를 통해 한국 총판 계약을 맺고 국내 진출을 본격화했다. 샤오미는 국내 휴대전화 판매 매장 4만 곳에 샤오미 제품을 비치하고 17개 도시 매장 260곳에 샤오미 체험관을 만드는 등 본격적인 국내 공략을 시작했다.

그간 샤오미는 별다른 마케팅을 진행하지 않았다. 그 흔한 온라 인 광고 하나 볼 수 없었음은 물론이다. 인기의 비결은 오직 극강 의 가성비라 불리는 저렴한 가격 대비 좋은 성능과 소비자의 기대 를 뛰어넘는 디자인에 있다. 좋은 제품을 싸게 사고 최고의 가성비 를 경험한 소비자들은 자발적으로 샤오미 제품을 소셜 미디어에 공 유했다. 본격적인 국내 시장 마케팅에 들어갈 경우 가성비의 파급 효과는 더 커질 것이다.

샤오미뿐만 아니라 국내 제품 중에도 브랜드가 아닌 가성비만으로 소비자의 입소문을 타고 인기를 얻는 제품이 있다. 100만 원대 고가의 스마트폰을 구입하기 어려웠던 소비자들은 울며 겨자 먹기로 삼성이나 LG의 저가폰 라인을 선택해야 했다. 국내 대기업 브랜드가 아닌 휴대폰이 인기를 끄는 일은 거의 일어나지 않았다. 하지만 SK텔레콤이 TG앤컴퍼니와 협력해 만든 루나는 2015년 하반기 출시 후 5개월 만에 15만 대를 팔아치웠다. 가격은 보급형인데 성능은 프리미엄급이라는 가성비가 인기 비결이었다. 루나는 국내 안드로이드 폰 가운데 최초로 알루미늄 일체형 케이스에 full-HD 디스플레이, 1300만 화소 카메라에, 3G 램 등의 프리미엄 사양을 갖췄으며 공시 지원금을 받으면 10만 원대에 구입할 수 있었다. 한국 스마트폰 시장에서는 이례적인 성공으로 받아들여졌다. 웬만하면 움직이지 않던 스마트폰 시장의 소비자들도 가성비에 흔들리고 있다. 삼성이나 LG도 가성비 경쟁에 살아남기 위해 30만 원대 갤럭시J7, LG클라스 등을 내놨다.

2014년 초 11번가에서는 2013년 가장 많이 팔린 디지털 제품으로 '인민에어'를 꼽았다. 노트북 구매를 위해 가격 비교 사이트나 오픈 마켓을 기웃거린 사람들에겐 유명한 제품이다. 구매자들의 입소문을 타고 인민에어4까지 나왔다. 인민에어는 국내 중소 PC 제조업체인 한성컴퓨터의 울트라북 포스리콘 'U33X 1357'을 일컫는

애칭이다. 인민에어라는 이름은 이 노트북이 맥북에어와 디자인이 매우 흡사하고 애플 로고가 있을 자리에 별 모양이 자리 잡고 있어 붙여진 이름이다. 애플의 맥북에어와 비슷한 디자인 논란을 제외한다면 인민에어는 울트라 노트북계에서 극강의 가성비를 자랑한다. 인민에어는 18mm의 두께와 1.39kg의 무게, 인텔 하스웰 프로세서 8G 메모리 등 맥북에어와 거의 동일한 성능에 가격은 60만 원대에 구입이 가능해 정품 OS를 설치해도 맥북에어의 거의 절반 가격이다.

기존의 고객은 가격 대비 성능을 구매의 기준으로 삼기 쉽지 않았다. 애초에 싼 게 비지떡이라며 대기업 제품만 기웃거리는 소비자가 훨씬 많았다. 가전제품에서 브랜드가 차지했던 비중은 막강했다. 브랜드는 좋은 품질과 AS를 보증해주는 수단이었다. 브랜드 없는 가전제품을 산다는 것은 상상할 수 없는 일이었다. 하지만 소셜미디어를 통해 가격 대비 성능에 대한 구체적인 분석과 경험이 공유되면서 소비자는 가성비가 높은 제품들을 부담 없이 선택했다.

인지심리학에서 사용되는 인지적 구두쇠Cognitive miser 이론은 사람들이 자신이 가지고 있는 인지적 자원을 사용하는 데 매우 인색하다는 이론이다. 제품을 구매할 때도 제품 간의 차이를 일일이 파악하지 않고 가격이나 브랜드와 같은 품질 파악이 용이한 단서들을 사용한다. 정보의 양은 과거와 비교할 수 없을 만큼 방대하고 다양해졌다. 인지적 구두쇠 이론은 현대 소비자에게 더 잘 적용되는 이론일 수 있다. 때문에 샤오미의 사례처럼 '가성비'는 다양한 정보에서 오는 소비자의 혼란스러움에 명확한 기준을 제시해줄 수 있다.

인지적 구두쇠 이론으로 지금까지 혜택을 본 회사들은 브랜딩에 돈을 쏟아부었던 회사들이다. 브랜드는 정보의 과잉에서 손쉽게 물건을 선택할 기준을 제시해주었다. 신발은 나이키나 아디다스를, 자동차는 BMW나 벤츠를, 카메라는 니콘이나 캐논을 사면 되는 식이었다. 돈이 좀 들더라도 브랜드가 주는 신뢰를 믿고 구매하면 실패는 없었다. 브랜드 가치를 만들기까지 엄청난 마케팅 비용이 들기도 했지만 동시에 수많은 제품의 업그레이드가 있었기 때문이다. 때문에 수십 수백 년을 이어온 브랜드의 벽을 깨는 것은 현대 마케팅에서는 금기에 가까웠다. 하지만 샤오미의 사례가 보여주듯이 이제 소비자는 단순히 브랜드만을 결정의 잣대로 생각하지 않는다. 이들은 직접 흩어져 있는 여러 정보들을 모으고 분석해 실제 가격 대비 성능까지도 전문가 수준으로 파악할 줄 알게 되었다.

브랜드가 기업이 의도적으로 오랜 시간 동안 공들여 만들어온 신뢰의 산물이라면 가성비와 같은 기준들은 소비자가 직접 개입해서 창조해낸 정보의 결과물이다. 기업보다 소비자의 목소리에 주목하는 지금은 가성비와 같은 정보들이 소셜 네트워크를 통해 순식간에 전파되며 구매 결정에 영향력을 행사한다. 샤오미의 인기는 중국 제품의 품질이 좋지 않을 것이라는 선입견을 깨뜨릴 만큼 기술이나 품질이 향상되었고 소비자도 이를 파악했기 때문에 가능했다. 기술 향상을 통해 품질이나 디자인 경쟁력이 높아지면 점차 브랜드의 차별성도 약화될 수밖에 없다.

물론 가성비가 좋다는 것이 최고의 품질을 보장하는 것은 아니다. 가성비는 말 그대로 가격에 비해 성능이 좋다는 것뿐이다. 루나가 아이폰을 이길 수 없고 쿼드비트나 샤오미, 인민에어가 해당 카테고리의 명품을 능가하지는 못한다. 그럼에도 불구하고 소비자가 가성비에 열광하는 이유를 좀 더 살펴볼 필요가 있다.

첫 번째, 기존 고객은 브랜드라는 이름으로 자행되어온 수많은 가격 거품 현상을 목격해왔다. 브랜드를 위해 최고의 품질로 승부하던 기업들은 브랜드가 어느 정도 소비자의 마음속에 각인되고 나면 어김없이 브랜드의 달콤한 품 안에서 품질 개선 노력을 게을리했다. 정보가 제한적이던 시절의 소비자는 브랜드가 품질을 담보해줄 것이라는 믿음으로 계속 구매를 유지했다. 하지만 앞서 보여준 여러 사례처럼 이제 소비자는 브랜드와 품질을 구분할 수 있을 만큼 많은 고급 정보에 가까워져 있다.

두 번째, 2000년대 후반 들어 전 세계에 몰아닥친 경제 불황의 그늘은 소비자에게 합리적 소비를 요구하고 있다. 국내의 많은 언론은 한국 경제가 장기 불황에 진입하고 있다는 전망들을 내놓고 있다. 이런 경제적 요인들이 조금이라도 싼 가격에 좋은 제품을 사고자 하는 소비자의 요구를 만들어내고 있다.

세 번째, 앞으로 더 자세히 살펴보겠지만 소셜 네트워크로 이어진 사회에서는 자기 과시 소비 행태가 더 다양해지고 있다. 과거에 명품이라 불리던 비싼 물건만이 자기 과시의 거의 유일한 수단이었다면 지금은 싼 가격에 좋은 물건을 사는 행위나 싼 가격의 제품이라도 남들은 사지 못한 것을 사는 구매 행위도 소셜 미디어를 통해 관심받을 수 있다.

네 번째, 기대했던 것보다 그 이상을 줄 때 사람들은 감동한다. 애플은 1년에 한 번씩 아이폰을 출시한다. 사람들은 1년 동안 가능한 모든 추측을 해가며 새로운 아이폰에 기대를 건다. 지금까지 애플은 이런 소비자의 기대를 저버리지 않았다. 하지만 기대를 충족시키지 못하면 사람들의 기대는 실망으로 변한다. 반대로 아무 기대도 하지 않았던 기업이 기대 이상의 품질을 선보이면 놀라움과 감동이 되고 그 사실은 입소문으로 이어질 가능성이 크다.

가성비는 소비자 측면에서는 매우 합리적인 소비 선택의 기준이다. 많은 고급 브랜드 안에는 마케팅 비용이 포함되어 있다. 인지 구두쇠가 되는 조건으로 그만큼의 비용을 지불하고 있는 셈이다. 브랜드를 선택하는 것이 결국 좋은 성능을 선택하는 것이었고 높은 가격은 그에 대한 대가였다. 하지만 이제 굳이 브랜드를 선택하지 않아도 좋은 제품을 가질 수 있는 시대가 되었다.

이제 시장에는 '노브랜드No brand'라는 브랜드가 나오는 일까지 벌어졌다. '브랜드가 아니다. 소비자다. 최적의 소재와 제조 방법을 찾아 최저의 가격대를 만드는 것. 이것이 노브랜드의 이념과 철학. 당신이 스마트 컨슈머가 되는 길.' 이마트가 만들어낸 PB 상품 노브랜드의 패키지에 적혀 있는 글이다.

초콜릿으로 유명한 허쉬가 최근 한국 시장에 출시하는 상품에만 식물성 유지인 팜유를 사용해 논란을 낳았다. 한국 소비자가 부드러운 맛을 선호한다는 조사를 토대로 팜유 성분을 넣었다고 해명했지만 각종 소셜 미디어에는 한국 소비자를 봉으로 알고 비싼 카카오 버터 대신 팜유를 넣었다는 비판들이 쏟아졌다. 때를 같이 해 소셜 미디어에 혜성처럼 등장한 제품이 바로 노브랜드 초콜릿이었다. 프랑스 OEM 생산 제품으로 팜유보다 4분의 1 이상 값이 비싼 카카오 버터를 쓰면서도 100g 대용량에 1180원의 저렴한 가격으로 출시 4주 만에 20만 개가 팔렸다. 인스타그램 등에는 '가격도 싼데 맛도 좋다', '요즘 화제라는 노브랜드 초콜릿을 사봤다', '대인기라는 초콜릿 득템', '카카오 버터 때문에 품절 사태인 귀한 간식', '가격 대비 짐승 용량으로 완전 추천한다'라는 글을 달고 자발적인 공유가 이루어졌다.

　브랜드를 버리고 최우선 가치를 품질과 가격에 맞춘 초저가 상품으로 만들어진 노브랜드 제품은 2015년 7월에 출시해 연말까지 208억 원의 매출을 올리며 인기를 끌고 있다. 노브랜드 물티슈는 이마트에 입점한 60개 물티슈 제품 중 3개월간 150만 개가 판매되며 매출 1위를 차지했고 노브랜드 감자칩은 출시 40일 만에 25만 개가 판매됐다.

　노브랜드 초콜릿의 사례에서 보듯이 초저가 상품을 표방하지만 소비자가 열광하는 이유는 좋은 재료를 쓰면서도 저렴한 가격을 유지한다는 점이다. 노브랜드라는 브랜드(?)가 내세우는 것처럼 가성비 앞에 브랜드가 밀려난 사례다. 소비 과정에서 싸고 좋은 물건을 구매하고 싶어 하는 욕망은 과거에도 존재했다. 가성비 열풍은 바로 소셜 미디어와 같은 플랫폼을 통해 정보 취득이 쉬워졌기 때문이다. 가성비가 좋은 제품의 정보를 찾는 시간과 노력이 과거에 비해 현저히 줄었기 때문이다.

　데이비드 아커 David A. Aaker 교수가 주장한 브랜드 이론은 지금

소셜 미디어에 혜성처럼 등장한 이마트의 노브랜드 초콜릿. 팜유보다 4분의 1 이상 값이 비싼 카카오 버터를 쓰면서도 100g 대용량에 1180원의 저렴한 가격으로 출시 4주 만에 20만 개가 팔렸다. 인스타그램 등에는 '가격도 싼데 맛도 좋다', '가격 대비 짐승 용량으로 완전 추천한다'라는 글을 달고 자발적인 공유가 이뤄졌다.

까지도 많은 마케터에게 큰 영향을 주고 있다. 아커 교수의 연구는 높은 브랜드 충성도나 인지도가 구매에 영향을 준다고 주장한다. 하지만 소셜 네트워크 사회에서 기존에 형성된 브랜드 충성도나 인지도는 구매 고려 정도에 영향을 미칠 뿐이다. 점점 더 많은 소비자가 실제 구매 시점 단계에서 찾아본 구매 후기나 평점 하나로 구매 결정을 바꾸고 있기 때문이다. 오랜 시간 동안 공들여 만들어진 '지각된 품질'이 페이스북에 올라온 악평 하나로 처참하게 무너질 수 있다.

다른 한편에서는 듣도 보도 못한 브랜드 혹은 아예 브랜드 없는 제품이 가성비라는 기준으로 선택될 수 있다. 정보 과잉 시대에 여전히 소비자는 구매 결정의 지름길을 원한다. 하지만 브랜드처럼 이제껏 지름길이라 생각했던 것들이 하나 둘 그 영향력을 잃고 있다. 또 다른 지름길이 생겨나고 있기 때문이다. 이런 흐름은 수십 년간 천문학적 비용으로 만들어놓은 브랜드 자산을 가진 기업들에게는 도전이 될 수 있지만 상대적으로 작지만 강한 기업들에게는 큰 기회가 될 수 있다. 강소 기업들이 보유 가능한, 가성비 같은 요소가 빠르게 소셜 미디어를 통해 확산되면 오랜 시간 동안 쌓아온 브랜드 자산보다 더 효과적인 소비 선택 기준이 될 수 있기 때문이다. 반면 기존의 자산을 갖고 있다는 데 만족한 채 앉아서 소비자의 선택을 기다리는 브랜드는 온 데 간 데 없이 사라질 수도 있다.

물론 시장에서 브랜드가 사라지진 않을 것이다. 앞으로도 브랜드의 중요성은 계속 유지될 것이다. 소비자가 제품과 서비스를 구매하는 기준이 가성비 하나만 있는 것은 아니기 때문이다. 또한 구매하기 전부터 구매 후 소유의 만족감이나 사후 서비스까지 소비의 전 과정에서 일어나는 경험의 총합을 통해 가치를 평가하기 때문이다. 하지만 기존에 브랜드를 구성하는 요소들 중 일부는 그 영향력이 감소하거나 기준 자체가 변화할 것임에는 틀림없다.

찍히고
공유돼야
산다

사람들은 SNS에 어떤 일상을 올
릴까? 한 설문조사에 따르면 SNS
에 올리는 내용은 '음식을 먹을
때', '여행을 갔을 때', '새로운 물
건을 샀을 때' 등 소소한 일상을
공유하는 것이 대부분이었다. 특히 많은 이용자들이 공유하는 것
중 하나가 바로 음식 사진이다. 많은 사람들이 여행지나 시내의 맛
집을 찾으면 의식을 치르듯 음식 사진을 찍는다. 자신이 먹은 음
식 사진을 올리는 일은 일상화된 지 오래다. 인스타그램은 '먹스타
그램'이라는 별칭으로 불릴 만큼 많은 이용자들이 음식 사진을 올
리는 데 애용되고 있다. 이런 트렌드는 비단 한국에서만 일어나는
것은 아니다. "미국 역사상 가장 영향력 있는 세대라 일컬어지는
밀레니얼 세대(1981년부터 2000년 사이에 태어난 미국의 인구 계층)를

대상으로 한 설문조사 결과 1주일에 평균 3회 음식 사진을 찍어 SNS에 공유하는 것으로 나타났다. 이 세대의 40%는 패션보다 오히려 음식에 대해 많이 아는 것이 더 중요하다고 답할 만큼 '먹는 것'에 각별한 관심을 갖고 있었다."(〈지구촌 밀레니얼 세대는 "패션보다 음식"〉, 《헤럴드경제》, 2015년 4월 29일.) 실제로 SNS를 통한 입소문에 따라 기업의 식품 사업이나 식당 매출이 롤러코스터를 타기도 한다.

소셜 미디어에 유난히 맛집 사진이 많이 올라오는 것은, 오랜 기다림 끝에 어렵게 음식을 먹었다는 자기 과시욕일 수도 있다. 하지만 그와 동시에 대부분의 맛집들은 양의 풍부함이나 재료의 신선함 등 일반 식당과는 달리 사진을 찍기에 적합한 비주얼을 가졌다는 공통점도 있다. 맛집의 기본은 맛에 있지만 그 맛을 결정하는 신선하고 풍부하고 독특한 재료들의 비주얼 덕분에 스마트폰으로 '찍힘'을 당하고 소셜 미디어를 통해 더욱 더 유명해지고 있는 셈이다.

인스타그램의 인기도 비주얼 마케팅의 중요성을 반증하고 있다. 국내에서는 여전히 카카오스토리나 페이스북 이용자 수가 많고 이를 통해 많은 사용자가 사진과 글을 올리지만 최근에는 인스타그램도 인기 몰이를 시작하고 있다. 인스타그램의 국내 월간 순방문자는(닐슨코리아 클릭 기준) 2013년 2월 26만 명에서 2015년 연말 월간 순방문자 수가 460만 명을 넘어섰다. 2년 사이 거의 20배에

달하는 증가율을 기록하며 가파른 성장세를 보이고 있다.

2015년에 출간한 졸저《어리버리 신입 사원 슈퍼 루키 되는 법》에서도 각 꼭지가 끝날 때마다 직장 초년생에게 꼭 해주고 싶은 말을 두 세 줄로 정리하고 스마트폰 모양의 사각형 안에 배치했다. 내용이 요약된 스마트폰 모양의 사각형 밑에는 책 제목을 넣어 공유된 사진을 본 사람이 책을 구입하기 쉽도록 했다. 자신이 독서를 한다는 과시뿐만 아니라 좋은 글, 도움이 되는 글들은 공유하는 성향을 도와주기 위한 배려이기도 했지만 사실 그와 더불어 책의 내용이 공유되면서 좀 더 많은 사람에게 책이 알려지기를 바라는 SNS 마케팅 전략이기도 했다.

이렇게 애초부터 소셜 미디어 공유를 염두에 두고 제품을 만드는 시도들이 늘어나고 있다. 이런 전략은 제품 출시 후 소셜 미디어를 이용해 광고나 홍보를 하는 마케팅과는 엄연히 차이가 있다. 상품 출시 전 의도된 기획 없이 출시 후 단순히 광고 채널로 소셜 미디어를 이용하는 것은 기대만큼 큰 효과를 이끌어내지 못한다. 물론 최근 소셜 미디어들은 광고 플랫폼으로 진화를 거듭하고 있고 TV 광고 비용에 견줄 만큼의 돈을 투자한다면 꽤 많은 사람들에게 노출될 수는 있을 것이다. 그러나 이것은 소셜 미디어의 본질을 이용한 마케팅이 아니다.

최근에는 음식을 먹기 전 사진을 찍는 젊은 여성들의 인사이트를 기반으로 제품 개발 단계에서 최대한 '사진발'이 받는 제품을 기획하는 F&B 기업들이 늘어나고 있다. 소셜 미디어의 본질을 알기 시작했다는 증거다. 소비자 접점의 무게 중심이 소셜 미디어 채널로 이동하면서 시각 효과를 극대화한 메뉴들을 기획하고 있는 것이다. 이스라엘 텔 아비브에 있는 한 식당과 협력한 와이너리 브랜드 카멜Carmel은 젊은 고객에게 자사의 와인을 알리기 위해 '푸도그래피Foodography'라는 프로젝트를 진행했다. 이 프로젝트는 '림보'라 불리는 셀카 전용 접시를 이용해 손님들이 식사 전에 스마트폰으로 최상의 음식 사진을 촬영할 수 있도록 도와주는 것이다. 림보 접시는 음식의 사진이 잘 나올 수 있도록 스튜디오에서 사진 촬영 시 사용되는 백월을 갖추고 스마트폰을 거치할 수 있도록 제작되었다. 여러 각도에서 사진을 찍을 수 있도록 접시가 돌아가는 형태도 존재한다. 접시 옆에는 소형 조명을 배치하여 최적의 음식 사진이 찍히도록 했다.

이 프로젝트는 수많은 미디어에 노출되면서 이스라엘 인구의 20%에 도달되었고 약 40만 달러의 미디어 가치를 얻었다. 보도가 나간 후 이스라엘뿐 아니라 버즈피드 등 세계적인 미디어에 등장하며 이슈가 되었고 와이너리의 판매량도 13% 증가한 것으로 나타났다.

와이너리 브랜드 카멜Carmel은 젊은 고객에게 자사의 와인을 알리기 위해 '푸도그래피 Foodography'라는 프로젝트를 진행했다. '림보'라 불리는 셀카 전용 접시가 최적의 음식 사진을 찍도록 도와준다. 수많은 미디어에 노출되면서 이스라엘 인구의 20%에 도달되었고 약 40만 달러의 미디어 가치를 얻었다.

상가의 인테리어 디자인 단계에서 셀카를 통한 SNS 공유를 염두에 둔 사례도 있다. 갤러리아 백화점 명품관의 식품관인 고메이494는 셀카가 잘 나온다는 입소문을 타고 젊은 여성들의 인기를 얻고 있다. 셀카나 음식 사진을 찍는 데 있어 조명의 중요도가 높다는 점에 착안해 고메이494는 조명 설계 단계부터 차별점을 두었다. 셀카의 조도를 육류나 생선 코너는 500~680룩스, 고객이 식사하는 식탁의 조도는 300~350룩스, 동선은 좀 더 어두운 160~300룩스로 맞췄다. 다양한 조도 차이를 통해 각각의 장소가 주는 빛의 다양한 조합이 사진에 고스란히 나타나게 된다. 빛의 색깔도 셀카가 가장 잘 나오는 색상을 잡아내기 위해 여러 차례 실험을 하고 2700~3000캘빈의 온화한 색상을 찾아냈다.

음식 자체의 비주얼 임팩트를 이용해 사진 촬영을 유도하는 SNS 마케팅은 음료 업계에서 가장 적극적이다. 비주얼을 강조한 신제품들이 실제 매출 대박 행진을 이어가고 있다는 판단에 따라 시선을 사로잡는 비주얼 마케팅에 주력하고 있다. 화려한 모습의 메뉴를 개발하기 위해 그에 맞는 식재료를 도입하는 등 치열한 경쟁이 벌어지고 있다. 업체들은 신메뉴 출시 전 '사진을 찍으면 어떤 모습이 나올지'를 중점으로 평가한다.

요거프레소의 '메리딸기'는 신선한 이름에 어울리는 먹음직스러운 생딸기의 인스타그램 인증 열풍 속에 출시 3개월 만에 100만 잔의 판매고를 기록했다. 실제 메리딸기의 비주얼은 요거트와 층층이 쌓인 생딸기 장식으로 매우 먹음직스럽다. 요거프레소는 화려한 비주얼에 반한 여성 고객의 인증 사진이 많은 광고 효과를 일으켰다고 평가하고 있다. 시즌 메뉴로만 판매할 예정이었던 메리딸기는 전체 매출 대비 판매율이 15%를 넘었다. 생딸기 출하 기간에만 판매되는 계절 메뉴임에도 불구하고 2015년 하반기 기준으로 메리딸기로 등록된 인스타그램의 태그는 6만 4000개나 된다.

망고식스가 출시한 딸기 음료 3종 역시 생크림과 생딸기의 비주얼로 한 달 만에 20만 잔의 누적 판매를 기록했다. 망고식스는 실제 제품의 매력을 눈으로 즐길 수 있도록 데코레이션 방법을 별도로 개발하고 전국 가맹점에서 교육을 진행하기도 했다.

카페베네는 빙수 시즌이 아닌 시기에 신메뉴 초코악마빙수를 출시해 보름 만에 10만 개의 누적 판매 실적을 내기도 했다. 이 제품은 빙수에 축구공 모양으로 장식된 크림치즈와 젤라또에 악마 뿔 장식을 더해 시각적인 즐거움을 더했고 인스타그램을 통해 확산되며 인기몰이에 큰 역할을 했다. 카페베네 역시 출시 전 SNS 확산을 염두에 두고 비주얼에 고심을 했고 여러 디자인을 구상하다가 사진에 가장 예쁘게 나올 수 있는 뿔 장식을 추가한 것이었다.

혜성처럼 나타나 팥빙수 시장을 평정한 '설빙'은 그야말로 소셜 미디어를 통해 대박을 친 프렌차이즈로 꼽힌다. 설빙은 기존의 팥 빙수에서는 볼 수 없었던 화려한 비주얼이 인스타그램에서 공유되며 입소문 효과를 톡톡히 봤다. 인스타그램에서 설빙으로 태그된 사진 수는 55만 건에 가깝다. 품절 사태까지 겪은 허니버터칩의 태그 수가 21만(2016년 8월 기준)인 것을 감안하면 설빙이 얼마나 많은 사람들의 사진으로 공유되고 입소문을 탔는지 짐작할 수 있다. 설빙이 공유되었던 이유는 앞서 언급된 사례와는 좀 다르다. 설빙은 애초에 소셜 미디어 공유 목적으로 화려한 비주얼을 염두에 두었다기보다 콩고물이나 생딸기 등 재료를 아끼지 않고 사용함으로써 부가적으로 생겨난 비주얼의 위엄이 일파만파로 퍼졌다.

실제 비주얼이 좋은 음식의 공통점 한 가지는 맛도 좋다는 것이다. 좋은 비주얼을 만들기 위해서는 아낌없는 재료가 필수 조건이다. 전국의 유명한 맛집들이 사랑받고 또 SNS를 통해 공유되는 이유는 화려한 비주얼을 가능하게 하는 신선하고 푸짐한 재료에 있다. 신선하고 푸짐한 재료가 좋은 맛을 끌어내는 것은 당연한 결과다. 결국 고객에게 조금이라도 좋은 재료와 정성 들인 데코레이션으로 눈과 입을 만족시키는 것이 소셜 네트워크 시대에 맞는 푸드 마케팅의 정석인 셈이다.

한정판, 희소성을 향한 욕망

저금통에 들어 있는 1998년 500원짜리 동전을 찾아내 80만 원을 벌었다는 사연이 화제가 된 적이 있다. 500원짜리는 1982년 이후 매년 100만 개씩 생산되어왔다. 하지만 외환위기를 맞은 1997년 모금 운동을 통해 500원짜리 동전이 넘쳐나자 1998년에 한국은행은 해외용으로 8000개 정도만 발행했다. 이 때문에 1998년도 500원 동전은 희귀 동전이 되었다. 수집가들에게 귀한 대접을 받으며 사용한 동전일지라도 70~80만 원에 거래가 되고 있다. 500원짜리 동전 하나가 1000배 넘는 가치로 올라갈 수 있었던 이유는 희소성 때문이었다.

한정판 재테크라는 말도 있다. 레고와 나이키 운동화 등 한정판으로 출시되는 한정판 상품을 구입한 후 시간이 지나 되파는 방법으로 수익을 내는 것을 일컫는다. 덴마크 완구 브랜드인 레고는 영화와 건축물 등 문화 콘텐츠와의 결합을 통한 제품을 출시해 마니아들의 호응을 얻고 있다. 이 제품들은 대부분 소장 가치를 높이기 위해 단종 정책을 쓰고 있다. 국내에서 39만 9000원에 팔렸던 타지마할은 중고 시세가 250만 원에서 500만 원까지 형성되어 있다. 2007년 발매한 스타워즈 시리즈의 '밀레니엄 팰콘'은 출시가가 500달러였지만 중고 가격은 700~1000만 원을 호가한다. 영국 일간지 《텔레그래프》에 따르면 2000년 이후 출시 당시의 상태로 보존된 레고 세트는 연간 12%씩 가격이 올랐다. 국내의 은행 이자율이 2%가 안 되는 걸 감안하면 엄청난 수익률이다.

미국의 심리학자 티모시 브록은 상품 이론Commodity Theory을 통해 "희소한 제품의 소유는 개인만의 차별성 또는 독특성의 감정을 함께 전달받기 때문에 소비자는 언제나 구매 가능한 제품보다 희소한 제품을 원한다."라고 주장했다. 희소성이 소비와 연관되어 있다는 견해는 찰스 스나이더Charles Snyder와 하워드 프롬킨Howard Fromkin의 책《독특성Uniqueness》에 상세하게 설명되어 있다. 책에 따르면 "타인과의 유사성이 증가하면 타인과 다르고자 하는 동기가 나타나며 유사성 증가로부터 오는 부정적인 감정을 해소하기 위해 타인과 차별화를 위한 행동이 나타난다." 사람들은 본질적으로 자신이 다른 사람과는 차별화된 특별한 존재라는 느낌을 받고 싶어 하며, 남들이 가지고 있지 않은 희소한 제품을 소유함으로써 자신만의 특별함을 갖는다고 여긴다. 차별화를 위해 희소한 물건을 구매하고자 하는 희소성 욕구는 소셜 미디어와 만나면서 소비를 자극하는 촉매제 역할로 더 크게 발현되고 있다.

허니버터칩 열풍은 의도되지 않았지만 희소성이 소셜 미디어를 통해 어떻게 소비를 자극하는지 경험하는 계기가 되었다. 기존에도 희소성을 이용한 마케팅이 없었던 것은 아니다. 이른바 한정 마케팅을 이용해 갖고 싶지만 쉽게 갖지 못하는 소비 욕구를 자극하는 마케팅은 적지 않았다. 하지만 소셜 미디어를 통해 남들이 갖지 못한 것을 자랑할 수 있는 환경이 만들어짐으로써 다시 한정 마케팅이 대두되고 있다. 앞서 브록이 주장한 것처럼 희소 제품의 소유를 통해 자신의 특별함을 나타내는 데 소셜 미디어가 좋은 촉매제 역할을 하고 있는 것이다. 실제 소셜 미디어에는 남들이 쉽게 갖지 못하는 한정판 제품을 자랑하는 사진들이 많이 올라온다. 과거에는 고가의 럭셔리 브랜드들이 한정판을 판매하곤 했다. 하지만 이제 한정판은 다양한 제품으로 세력을 넓히고 있다. 비싸지 않아도 소수만이 가질 수 있다는 점을 자랑할 계기가 많아지고 있다. 물론 무조건 한정판이라고 해서 자랑할 수 있는 것은 아니다. 한정판은 다른 제품과 차별되는 독특함을 보유해야 그만의 평가를 받을 수 있고 또 자랑의 대상이 된다.

2014년 1월 실시간 검색으로 '모나미 한정판'이 1위에 올랐다. 모나미는 지난 50년 동안 저렴한 볼펜의 대명사로 많은 사람들의 사랑을 받아온 볼펜 브랜드다. 하지만 소득 수준이 올라가고 좋은 품질의 다양한 제품을 원하는 소비자에게 모나미는 기억 속에서 서서히 잊혀가는 브랜드였다. 그러나 제품 출시 50주년을 기념해 한정판 모델 '모나미 153 리미티드 1.0 블랙'이 출시되며 다시 한 번 소비자의 주목을 받았다. 한정판 볼펜은 출시 직후 홈페이지가 마비되며 순식간에 매진되었다. 한정판의 가격은 200원짜리 볼펜의 100배에 해당하는 2만 원이었다.

그럼에도 불구하고 소비자들이 열광한 이유는 한정판이라는 특별한 차별점을 갖고 있었기 때문이다. 기본적인 형태는 기존의 153 형태를 유지하지만 황동 바디에 니켈과 크롬으로 도금한 후 레이저로 로고를 각인했다. 볼펜심 역시 금속 볼펜심으로 독일산 고급 잉크를 사용했고 전용 케이스로 고급스러움을 더한 차별성에 소비자들은 열광했다. 이 볼펜은 매진 후 1개에 30만 원까지 가격이 치솟았다. 1년이 훨씬 넘은 시간이 지났어도 중고 커뮤니티에서 약 10만 원 선에 거래가 지속되고 있다.

앞서 다루었던 것처럼 소셜 미디어는 인정욕구를 해소시켜줄 수 있는 가장 좋은 플랫폼이 되었다. 일상화된 자랑 때문에 소비자는 남들과는 차별화된 자랑거리를 더 많이 찾게 되었다. 꼭 고급스럽거나 비싼 것이 아니라도 자랑할 만한 특별함이 있다면 소셜 네트워크 시대의 소비자들 눈에 띨 수 있다. 소비자의 이목을 이끄는 한정판 마케팅에서 많이 쓰는 방법으로는 컬래버레이션collaboration 제품을 출시하는 방법이 있다. 컬래버레이션은 서로 다른 두개의 브랜드나 조직이 협력을 통해 합작하는 것을 의미한다. 기존 상품에 특별한 가치를 부여할 수 있어 한정판 마케팅에 많이 사용된다.

코카콜라가 장 폴 코티에나 다카다 겐조 등과의 협업을 통해 독특한 디자인의 콜라병을 만들거나 갤럭시 S6가 영화 〈아이언맨〉 디자인으로 한정 출시되는 것들이 컬래버레이션 한정판 마케팅이다. 희소성과 비주얼 효과가 더해진다면 더 큰 시너지를 낼 수도 있다. '뭘 넣어도 예쁘다'는 인증 열풍을 타고 텀블러의 인기를 갈아치운 '마이보틀'이 그런 사례다. 일본의 한 생활용품 업체가 판매하고 있는 마이보틀은 왜 인기가 있을까 궁금해할 수도 있는 단순한 플라스틱 물병이다. 국내에서는 정식으로 판매되는 제품도 아니었다. 사실 그전까지 국내 여성들의 트렌드를 주도한 것은 텀블러였다. 스타벅스 텀블러는 커피를 사랑하는 여성 고객의 '잇 아이템'이었다. 하지만 가볍지 않은 무게 때문에 여성이 소지하고 다니기에는 부담스러웠다. 이런 텀블러의 뒤를 이어 새로운 유행을 주도한 것이 바로 마이보틀이다. 마이보틀은 단순한 플라스틱 물병이라고 보기에는 1512엔이라는 다소 비싼 가격에도 불구하고 품절사태를 빚었다.

국내에서는 판매되지 않는 제품임에도 인기를 얻게 된 것은 인스타그램과 페이스북 덕분이었다. 투명한 마이보틀 속에 컬러풀한음료와 과일들을 담은 사진들이 퍼지면서 입소문을 탄 것이 국내까지 인기를 끌게 된 것이다. 이런 인기에 국내에서 판매되지 않는희소성이 더해지면서 그 위력을 발휘했다. 국내에서 마이보틀을 구입한 사람들이 소셜 미디어에 사진을 올리면서 프리미엄을 얹어서라도 사고 싶다는 사람들이 속출했다. 1만 5000원짜리 제품은 공구 가격이 7만 원까지 오르기도 했다.

마이보틀 열풍을 이끌었던 것은 소셜 미디어에 사진을 올리고공유하는 것을 일상으로 즐기는 20~30대 여성들이었다. 한낱 투명한 물병이지만 소셜 미디어를 통해 패션 아이템으로 화려하게 변신했다. 인스타그램 등에 올라온 사진들을 보면 투명한 제품이 오히려 자신만의 독특한 패션 아이템으로 변화되는 것을 볼 수 있다. 투명하기 때문에 넣는 것이 무엇이냐에 따라 알록달록 컬러풀하게 변했고 이것이 자신을 대변해주는 패션이라고 여기게 만든 것이다.

열풍의 진원지는 일본이었지만 우리나라로 전파되는 속도는 오래 걸리지 않았다. 일본의 유행을 체험하려면 부산을 가보면 된다는 말이 있었을 만큼 과거엔 국가 간 유행 전파에 시간이 걸렸다. 해외에서 일어나는 이슈는 신문 지상의 해외 토픽이라는 코너를 통해 알 수 있었다. 그러나 SNS가 전 세계를 실시간으로 연결하면서 소셜 네트워크 시대의 유행은 평준화되고 있다. 토머스 프리드먼이 《세계는 평평하다》에서 "세계는 이제 국가적 경계가 없다"고 주장한 것과 같은 맥락에서 한 나라의 유행이 지구 반대편 나라의 유행으로 이어지는 것이 자연스러워졌다.

물론 실시간 네트워킹 환경이라곤 해도 여전히 국내와 해외 유통의 시간차는 존재한다. 해외 유행 상품을 쉽게 구할 수 없다는 희소성이 더해지면서 마이보틀은 젊은 여성들의 과시 욕망을 더 자극했다. 한때 명품 백이야말로 이러한 과시의 전형이며 최고의 정점이었다. 하지만 누구나 수백만 원을 호가하는 명품 백을 구입할 수 있는 것은 아니다. 늘어가는 세금과 집세, 저성장에 따라 오르지 않는 월급, 이러한 제약들은 경제 호황기에 누렸던 과시 소비의 행복과 만족감을 빼앗아버렸다. 그렇다고 해서 이런 제약들이 소비를 통해 얻는 만족감 자체마저 포기하게 할 수는 없다. 결국 소비자는 다른 방식, 다른 형태로 소비의 만족감을 찾아 나선다. 소셜 미디어는 스마트한 소비를 가능하게 만들었다.

이제 소비자는 스마트한 소비 자체를 소비의 과시욕에 접목시키고 있다. 앞서 말했듯이 과거의 소비 과시욕은 비싼 물건을 샀다는 것에 지나지 않았다. 그러나 소셜 미디어로 개개인의 소비 자체가 연결된 시대에서는 비싼 물건을 싸게 사거나 모두 갖고 싶어 하는 물건을 가장 먼저 소유했다는 것도 과시의 대상이 된다.

해외 직구 열풍 역시 이와 맥을 같이하고 있다. 관세청에 따르면 2014년 해외 직구를 통한 수입 건수와 금액은 1553만 건, 15억 4000만 달러로 2013년 대비 각각 39%, 49% 증가했다. 해외여행 자체가 낯설었던 30년 전, 어머니들은 일본을 다녀오면서 코끼리 밥통을 사올 수 있는 친구를 부러워하셨다. 이제는 해외여행을 가지 않아도 방 안에서 해외 상품을 구입할 수 있다.

해외 직구의 이점은 수입 가격보다 더 저렴하게 같은 제품을 살 수 있다는 것과 한국에서 사지 못하는 상품을 살 수 있다는 데 있다. 그러나 국내 쇼핑몰을 이용하는 것에 비해 알아야 할 것, 주의해야 할 것들이 많아 모든 소비자들이 쉽게 해외 직구에 나설 수는 없다. 이러다 보니 해외 직구로 구입한 물건들은 일종의 소비 과시가 된다. 해외 최신 상품을 누구보다 먼저 구입하여 사용한다는 것도 하나의 자랑거리다. 한국에서는 100만 원 하는 것을 몇십만 원에 구입했다는 후기를 소셜 미디어에 올리면 어디에서 샀고, 어떻게 샀냐며 '좋아요'를 누르고 댓글을 달아준다.

아이폰 6의 한국 출시가 늦춰졌을 때도 소셜 미디어에는 수많은 사람들이 해외에서 구입한 아이폰의 구매, 사용 후기를 올리며 많은 사람들의 부러움을 샀다. 허니버터칩이 그랬고 마이보틀도 그랬다. 남들은 비싸서 사지 못하는 것을 가졌다는 과시의 시대에 남들은 하지 못하는 소비로 소비 과시의 방법이 변해가고 있다.

소비는 결국 자신을 표현하는 수단으로 점점 더 진화하고 있다. 소셜 미디어 이전 시대가 소비 자체만으로 만족을 영유했던 시대라면 그 이후의 시대는 소비를 통한 만족보다 소비를 통해 자신이 어떤 사람인지를 표현하는 시대로 변하고 있다. 웃돈을 얹어서라도, 해외에 나가서라도 아이폰을 구입하고 후기를 올리는 사람들은 누구보다 유행에 앞서고 IT 트렌드에 민감한 사람이라는 것을 표현해주었다. 영어를 조금은 알아야 하고 배대지(배송 대행지)를 등록하는 수고스러움을 아끼지 않으면서 해외 직구에 성공한 사람들은 합리적 소비와 동시에 남들보다 스마트한 소비를 하는 사람으로 여겨지게 되었다.

소셜 미디어는 소비를 자신의 표현 도구로 만들어주며 새로운 소비 형태를 만들고 있다. SNS 마케팅은 단순히 페이스북에 타깃 광고를 집행하고 팬을 늘리거나 고객 관계 강화를 위해 무의미한 메시지를 보내는 것에 그쳐서는 안 된다. 기업 브랜드나 제품을 알리기 위해 일시적인 바이럴 영상을 만들고 조회수가 늘어나는 것에 만족하는 것은 장님이 코끼리를 만지는 것과 같이 변화하는 고객의 일부만을 좇는 것이다. 이제 마케팅은 SNS가 어떻게 소비 행태를 바꾸고 있는지 주목해야 한다.

PART 3

공감과
진정성의 힘

앞에서 우리는 SNS의 등장으로 점점 더 크게 발현되고 있는 인정 욕구가 변화시킨 소비 환경을 살펴보았다. SNS가 등장하기 전 기업에게 소비자는 단순한 구매 대상이었다. 자신들이 제품을 만들면 소비자는 그 물건을 사주는 사람일 뿐이었다. 상품은 그 자체의 가치만으로 충분히 팔려나갔다.

이제 상품은 넘쳐나고 소비자는 상품에 대한 꼼꼼한 정보를 모두 손에 쥐고 있다. 화장품의 유행 성분을 모두 알 수 있는 '화해'라는 어플이 있다. 이 어플에 화장품 이름만 넣으면 어떤 성분이 들어 있고 인체에 어떤 영향을 미치는지 모두 알아낼 수 있다. 소셜 네트워크 시대의 소비자는 과거와는 다르다. 기업도 이제 다른 관점에서 소비자를 바라봐야 한다. 소셜 네트워크 시대의 소비자를 바라봐야 할 두 가지 필터는 공감과 진정성이다. 3장에서는 이 두 가지 키워드를 중심으로 이야기를 풀어나갈 것이다.

> 용기나게 하지마 책임도 못지면서 – 〈술〉
>
> 넌 필요할 땐 내 곁에 없어, 넌, 바쁠 때만 나를 괴롭히지 – 〈잠〉
>
> 이게 뭐라고, 이리 힘들까 – 〈메뉴선택〉
>
> 밝혀지는 진실, 드러나는 거짓 – 〈폼클랜징〉
>
> 너인줄 알았는데, 너라면 좋았을 걸 – 〈금요일 같은데 목요일〉
>
> 안 보면 맘 편해 – 〈팀장님〉

시냐 아니냐의 논란은 논외로 치면 하상욱의 글이 SNS를 통해 많이 회자된 이유 중 하나는 무릎을 치게 하는 공감에 있을 듯하다. 한 연구소의 설문조사에 따르면 소셜 미디어 이용자들은 콘텐츠의 신뢰도 측정 시 콘텐츠가 얼마나 공감할 여지를 갖고 있는가를 중요한 선택 요인으로 꼽았다. 소셜 미디어에는 이른바 '공감' 기능이 잘 마련되어 있다. 페이스북이나 카카오스토리에는 '좋아요', '멋져요', '슬퍼요' 등 좀 더 다양한 공감을 표현할 수 있고 인스타그램은 하트 아이콘이 같은 기능을 한다.

이렇게 소셜 미디어는 공감을 표현하기에 최적화된 수단이다. 기업의 입장에서도 소셜 미디어는 자신들이 진행하는 이벤트 또는 제품과 서비스에 대한 반응을 살피기에 매우 좋은 특성을 갖고 있다. 기존에는 기업들이 마케팅 활동을 하더라도 그에 대한 평가와 반응을 보기 어려웠다. SNS가 등장하기 전 온라인 마케팅은 참여자 수나 방문자 수 정도로 마케팅의 효과를 측정했다. 그러나 이제 소셜 미디어의 다양한 공감 기능과 댓글 들을 통해 고객 반응을 실시간 체크할 수 있다.

좀 더 큰 관점에서의 논의지만 제러미 리프킨은 《공감의 시대》에서 "다가올 시대에는 승자와 패자를 가르는 게임에서 서로가 공생할 수 있는 윈윈 게임으로, 이기적 경쟁에서 이타적 협업으로 가지 않으면 생존하기 힘든 시대이며 이를 위해 공감 능력이 중요해지고 있다."라고 주장했다. 송호근 서울대 교수는 제러미 리프킨과의 인터뷰에서 "우리는 다른 사람의 고통을 보면 자신도 고통을 받는 공감의 신경계를 갖고 있다. '공감력'은 서로가 번창하고 성공하기를 바라는 인간 본능이라는 것을 의미한다. 역사적으로 인류는 공감력을 확장하는 방향으로 진화해왔다. 수렵 시대엔 친족끼리, 국가가 탄생한 후엔 같은 국민끼리 공감했다. 페이스북과 스카이프로 전 세계가 연결된 지금은 전 인류가 공감의 대상이다."라고 이야기했다. (〈송호근 묻고 제러미 리프킨 답하다〉, 《중앙일보》, 2014년 10월 17일.)

공감까지 기계가 대신할 수 없다

공감이란 무엇일까? 케임브리지 대학교 발달정신병리학 교수인 사이먼 배런코언은 《공감 제로》에서 "공감이란 타인이 생각하거나 느끼는 것을 파악하고 그들의 사고와 기분에 적절한 감정으로 대응하는 능력"이라고 밝혔다. 그는 "공감은 인식과 반응이라는 두 가지 중요한 단계로 이루어진다. 타인에 대한 공감이 제대로 이루어지기 위해서는 타인의 기분과 생각을 파악할 수 있는 인지적 공감이 선행돼야 하며 그에 대한 적절한 감정으로 대응하는 정서적 공감이 필요하다."라고 설명한다.

굳이 어렵게 이야기하지 않더라도 우리는 늘 주변에서 공감형 인간과 그렇지 못한 이들을 만난다.

"여보, 당신은 어떻게 내 마음을 그렇게 잘 알아?"

"과장님, 감사합니다. 제가 말도 안 했는데 마음을 헤아려주시다니."

"형 고마워요. 제 마음 이해해주셔서."

이런 말을 들은 적이 있다면 여러분은 공감 능력이 탁월한 사람일 것이다. 공감력이 탁월한 사람들은 가정을 비롯해 어느 조직에서나 능력자로 통할 가능성이 높다. 실제로 노벨 경제학상을 받은 다니엘 카너먼 교수는 인간은 똑똑한 사람보다 공감을 잘하는 사람을 더 선호한다고 주장했다. 우리말에 '헤아리다'라는 단어가 있다. 그 뜻을 찾아보면 '짐작하여 가늠하거나 미루어 생각하다'라고 나온다. 이 단어는 '공감共感'이라는 한자어를 우리의 정서로 더 잘 표현해준다. 남의 마음을 헤아린다는 것은 원만한 인산관계를 민드는 중요한 요소다.

남의 마음을 헤아리지 못하고 공감하지 못하면 인간관계와 사회생활에서 많은 비난을 받곤 한다. 그만큼 공감 능력이 중요하다. 대통령 선거에서 결혼이나 자녀 육아, 사회생활을 해보지 못한 후보가 국민과 공감대를 형성할 수 있느냐는 지적이 나온 것도 같은 맥락에서 바라볼 수 있다. 네덜란드의 심리학자 릭 폰 바렌 연구팀은 식당에서 웨이트리스가 손님들의 주문 사항을 그대로 따라 말하기만 해도 평균 40%의 팁을 더 받았다는 실험 결과를 발표했다.

손님들은 자신의 주문을 반복하는 말을 듣는 것만으로 공감이 이루어졌다고 판단해 무의식적으로 더 좋은 서비스를 받았다고 여기는 것이다.

오랫동안 경제 행위의 근간이 되어왔던 이기심의 추구가 더 이상 효과적이지 않음을 보여주는 사례가 증가하고 있다. 기업도 IT와 인터넷 혁명, SNS의 영향으로 협력적 네트워크와 소통의 중요성을 절감하고 있다. 디지털 기술을 접목한 자동화 시스템으로 생산성은 높아졌고 웬만한 일은 컴퓨터와 로봇이 처리하는 세상이다. 대부분의 기술과 능력도 평준화된 상태다.

이런 시대에 대체 불가능한 새로운 경쟁력은 무엇일까? 이것은 기계가 대신할 수 없는 부분이다. 마케팅은 사랑하고 감탄하고 공감하고 위안을 얻는 영역으로 들어가야 한다. 컴퓨터는 비용과 시간은 절약해줄 수 있지만 특별한 서비스를 제공하지는 못한다. 유연하지도 따뜻하지도 않으며 사람의 마음을 읽고 반응할 수도 없다. 공감 능력이 없는 무뚝뚝한 기계일 뿐이다. 장정빈의 저서《공감이 먼저다》에서는 기업이 빅데이터 마케팅이나 디지털 마케팅을 통해 효율을 증대할 수는 있어도 결국 대체 불가능한 경쟁력은 소비자의 마음을 헤아릴 수 있는 공감 능력이라고 설명한다. 그 책에 나온 사례 하나를 더 소개한다.

수년 전에 남편과 디즈니랜드에 놀러 갔습니다. 실은 그날이 1년 전에 죽은 저희 딸의 생일이자 기일이었습니다. 너무 약했던 저희 딸은 태어나자마자 바로 하늘로 떠나버려 남편과 저는 오랫동안 깊은 슬픔에 싸여 있었습니다. 우리 아이에게 무엇 하나 해줄 수 없었던 것이 너무도 마음이 아팠습니다. 아이가 태어나면 꼭 디즈니랜드에 함께 놀러 가겠다는 다짐을 지키겠다는 생각으로 남편과 의논하여 드디어 딸을 위해서 디즈니랜드에 갔습니다. 입장권도 어른 2장, 어린이 1장 해서 3장을 샀습니다. 미리 가이드북을 보고 딸에게 먹이고 싶던 귀여운 어린이용 런치가 있는 것을 알아내어 월드바자에 있는 이스트사이드 카페에 들어갔습니다.

우리는 어른용 2인분과 어린이용 런치를 주문했습니다. 직원은 의아해하면서 어린이용은 8살 이하만 가능하다고 말했습니다. 그러면서 "죄송하지만 어느 분이 드시는지 여쭤보아도 되겠습니까?" 하고 물었습니다. 제 딸아이와 함께 먹을 거라며 사정을 이야기하자 그 직원은 기분 좋게 주문을 받아주었습니다. 그리고 근처의 4인용 테이블로 옮겨주고 어린이 의자까지 따로 준비해주면서 "세 분 이쪽으로" 하며 자리를 바꿔주었습니다. "와주셔서 감사합니다. 그럼 온 가족이 함께 즐겁게 지내세요." 하며 마치 우리 아

이가 여기에 있는 것처럼 대접해주어서 남편과 저는 가슴이 벅차
올라 눈물을 흘렸습니다. 딸을 잃고 나서 처음으로 우리 온 가족
이 함께하는 자리를 만들어주어서 얼마나 감사했는지요.

저자는 이 사례를 통해 결국 고객을 감동시킬 수 있는 서비스는
사람의 마음을 움직일 수 있는 공감에 있으며 컴퓨터나 시스템 자
동화로는 대체되기 어렵다고 이야기한다.

그렇다면 소비자의 마음을 사로잡는 기업의 공감 능력은 어떻게
만들어질 수 있을까? 홍성태 교수는《모든 비즈니스는 브랜딩이다》
에서 상대를 잘 관찰하거나 의견을 주의 깊게 들음으로써 상대방
이 문제를 어떻게 인식하고 있는지 파악하는 감지sensing와 상대방
의 생각과 마음을 알고 있다는 것을 상대의 눈높이에 맞추어 전달
하는 소통의 중요성을 이야기한다. 저자는 공감의 원리를 쉽게 설
명한 박성희 교수의《동화로 열어가는 상담 이야기》를 추천한다.

옛날 옛적 어느 나라에 공주가 있었는데, 어린 공주가 달을 따달
라고 떼를 씁니다. 임금님은 신하들에게 달을 따오라고 시키지
만 정작 달을 따올 방법은 없었겠죠. 임금님의 닦달에 신하들은
아주 죽을 맛이었습니다. 이때 어떤 광대가 나타나서 임금님에

게 말합니다. "임금님 제가 그 달을 따오겠습니다", "그래?", "임금님, 그런데 조건이 하나 있습니다. 제가 공주와 대화를 나누게 해주십시오." 다급한 왕이 "그래 가서 얘기를 나눠 보거라." 광대는 공주를 찾아갔습니다.

"공주님, 만약 달을 따왔는데 달이 너무 커서 우리 궁이 찌그러지면 어쩌죠?" 하고 광대가 물었습니다. 그러자 공주는 "이 바보야, 내가 손을 들고 대보면 달이 내 엄지손톱만 한데 그리 크단 말이야?"라고 말합니다. 광대는 "맞았어요, 공주님. 그런데 저 달이 무엇으로 만들어졌을까요?"라고 물었습니다. 공주는 다시 대답합니다. "바보로군, 밤하늘에 저렇게 빛나는 것이 황금이 아니면 뭐겠어?" "맞았어요, 공주님. 오늘 저녁에 공주님이 주무실 동안 무슨 일이 있어도 저희들이 저 달을 따올 테니 푹 주무세요." 그리고 광대는 다음 날 아침, 공주의 엄지손톱만 한 동그란 달 모양의 금덩어리를 목걸이로 만들어 공주의 목에 걸어줍니다.

저자 홍성태는 이 동화를 소개하며 문제 해결의 중심을 나에게 두지 말고 상대방에게 두고 상대가 문제를 어떻게 지각하는지 아는 것이 문제 해결의 출발점임을 강조한다. 모바일, 인터넷, SNS의 막강한 삼각 편대로 갖춰진 소비자 군단의 정보력 앞에서 제품이나 서비스의 장점을 주구장창 주입하는 일은 의미가 없다. 검색 한 번이면 외피 속에 감춰진 실체를 만나거나 주장한 바와는 다른 단점의 존재를 알아차리게 된다.

앞서 밝혔듯이 소셜 네트워크 시대에는 공감의 표현 수단이 과거보다 더 많고 다양해졌다. 물론 정형화된 표현 수단이 공감의 깊이를 가늠하지는 못한다. 다만 소셜 미디어를 통해 사람들이 체험하게 되는 공감 표현의 횟수들이 많아졌고 이것이 공감을 좀 더 대중화시켰다고 볼 수 있다. 공감의 대중화는 기업의 마케팅에도 영향을 주고 있고 그 양상은 더 강해질 것이다.

사이먼 배런코언의 공감에 대한 정의를 바탕으로 소셜 네트워크 시대에 마케팅을 하는 기업들에게 이렇게 질문해볼 수 있다. "기업은 소비자의 생각이나 느낌을 파악하고 그들의 사고와 기분에 적절한 감정으로 대응하거나 제품과 서비스를 제시하고 있는가?" 소셜 미디어를 운영하고 있는 많은 기업들은 대규모 프로모션을 통해 팬을 늘려왔다. 많은 팬을 모은 이유는 자명했다. 팬들에게 기업의 주장을 전달하는 매체로 소셜 미디어를 정의하고 있기 때문이다. 100만 명의 팬을 확보하고 그들에게 공지사항을 전달하거나 새로운 제품, 서비스 광고를 전달하면 매출이 오를 것이라는 접근이었다.

그러다 보니 수십억의 돈을 들여 확보한 엄청난 팬들과 제대로 된 상호 작용을 하는 것은 꿈도 못 꿀 일이 되었다. 소셜 미디어는 커피나 바나나 우유를 걸고 이벤트만 할 수 있는 공간이 아니다. 공지사항을 전달하거나 TV에서 틀지 못하는 광고를 보여주라고 있는 공간이 아니다. 소셜 미디어는 고객의 이야기를 듣고 고객의 마음을 헤아릴 수 있는 공감의 장이 되어야 한다. 최신형 핸드폰, 노트북, 수백 잔의 아메리카노를 줄 수 있는 돈이 있다면 그 돈으로 담당 인력을 추가해 사람들이 올리는 댓글들에 공감을 표현하고 그들의 불만이나 어려움에 화답해주는 것이 훨씬 더 값진 SNS 마케팅이다.

고객의 목소리를 듣는 SNS 마케팅에 최고의 가치를 두는 대표적인 기업으로 샤오미가 있다. 국내에서 샤오미의 제품들은 높은 가성비로 고객의 사랑을 받고 있다. 하지만 이 기업의 진가는 다른 데 있다. 샤오미는 2015년 2분기, 아이폰을 제치고 중국 내 스마트폰 시장 점유율 1위를 기록했다. 2016년 상반기 판매량 저조로 위기설이 나오기도 했지만 창업 후 6년이라는 짧은 시간에 샤오미가 보여준 저력은 세계를 놀라게 했다. 샤오미의 이런 놀라운 저력은 고객에게서 나온다. 고객을 만족시키기 위해서는 당연히 그들의 마음을 읽고 통찰할 수 있어야 한다. 샤오미의 마케팅 부서에는 공식적으로 광고 홍보 예산이 없다. 마케팅 조직 대부분은 고객과 소통할 수 있는 커뮤니티 사이트를 관리하는 데 집중한다. 샤오미는 창업 초기부터 사용자층 기반의 커뮤니티 형성과 지원에 많은 공을 들였다. 샤오미의 커뮤니티 강화 전략은 사업의 핵심이다. 실제 샤오미 홈페이지에는 커뮤니티 메뉴가 중심에 자리 잡고 있다. 2015년 현재 4500만 명의 회원이 매일 30만 건의 게시물을 등록한다. (김도웅, 《한눈에 보는 샤오미 소셜 전략》 참조.)

고객은 제품 기획의 사전 단계는 물론 자체 OS인 MIUI의 기능 업그레이드, 제품의 결함과 개선 방안 등 다양한 의견을 내고 샤오미는 이를 적극 수용한다. 샤오미의 고객 중심 철학은 이뿐만이 아니다. 샤오미는 24시간 주 7일 내내 전화 상담을 받는다. 전체 7500명의 직원 중 고객 상담 직원만 1700명이다. 이들 모두 당연히 아웃소싱이 아닌 본사 소속 직원들이다. 이런 샤오미의 고객 중심 전략으로 샤오미는 휴대폰을 파는 곳이 아닌 '참여감參與感'을 판다는 이야기가 나오기도 한다. 참여감이란 직원과 고객의 구분 없이 누구나 참여할 수 있는 문화를 만들고자 하는 샤오미의 철학이 담긴 단어다.

뒤에 더 자세히 다루겠지만 와비파커는 미국의 온라인 안경 판매 기업이다. 오프라인 매장에서만 구입하던 안경 판매의 유통을 혁신해 온라인에서 반값에 안경을 구매할 수 있다. 와비파커의 마케팅이 최근 소셜 미디어에서 이슈가 되었다. 애틀랜타에 사는 고객 테스 존슨은 안경을 찾기 위해 와비파커 오프라인 매장을 방문했다. 그녀는 안경을 찾으러 가는 당일 자신의 아파트 주차장에서 지프 자동차를 도둑맞아 기분이 매우 안 좋은 상태였다. 와비파커 매장에서 직원들은 차를 잃어버린 이야기를 들어주었다. 며칠 후 그녀는 와비파커가 보낸 외식 상품권과 편지 한 통을 받았다. 외식 상품권은 차를 잃어버린 날 매장 직원에게 농담처럼 좋아한다고 이야기한 맥주 바의 상품권이었다. 테스 존슨은 선물과 편지를 레딧, 인스타그램 등에 공유했고 사람들은 와비파커를 칭찬했다. 미국 언론들이 이 사연을 보도하면서 와비파커는 공짜로 엄청난 마케팅 효과를 보게 됐다. 테스 존스는 언론과의 인터뷰에서 와비파커의 선물 덕분에 기분 좋은 일주일을 보냈고 와비파커를 공감해주는 친구로 표현했다. 와비파커의 공동 창업자 닐 블루멘탈은 직원 채용 단계에서 자존감과 공감 능력을 가장 중요하게 생각하는 요소라고 이야기했다. 탁월한 고객 서비스를 만들어낼 수 있는 사람은 상대방에 대한 공감 능력이 뛰어난 사람이어야 한다는 것이다. 와비파커는 2015년 100만 개 이상의 안경을 판매했고 2015년 기준 12억 달러의 기업 가치를 평가받았다. (⟨Why Warby Parker Bought A Customer A

Round Of Drinks〉, 《허핑턴포스트》, 2015년 2월 27일.) 와비파커가 소비자의 사랑을 받는 이유는 소셜 네트워크 시대에 고객과의 공감을 가치의 우선순위에 놓고 있기 때문이다. 고객의 목소리에 귀 기울이고 공감을 통해 그들이 원하는 것을 만들어주는 것이 소셜 네트워크 시대를 관통하는 마케팅 전략이 될 수 있다.

소비자를 깊이 있게 이해하고 그들의 마음을 움직일 수 있다면 같은 물건도 다른 판매 결과를 가져올 수 있다. 길거리에서 꽃을 팔지 않고 사랑을 판 꽃장수의 전설 같은 이야기는 공감이 중요해지는 오늘날의 마케팅 환경에서 다시 한 번 생각해봐야 할 포인트다. 정작 많은 기업들은 지나가는 연인을 앞에 두고 5000원의 절약 정신과 사랑을 맞바꾸겠냐는 문구로 공감을 자극하기보다 오늘 농장에서 공수한 싱싱한 꽃다발 한 단이 5000원이라고 의미 없이 외치고 있는 건 아닐까?

소비 심리
이해의
출발점

어느 일요일 새벽, 글을 쓰려고 일
어났다가 우연히 보게 된 한 편의
영상에 눈시울을 적셨다. 내용은
이렇다. 몰래 카메라가 한 고등학
교 교실을 비춘다. 선생님은 학생
들에게 살날이 1년밖에 남지 않았다면, 꿈을 이루는 것과 5억 원
중 무엇을 선택할 것인지 묻는다. 학생들은 대부분 꿈을 이루겠다
고 답한다. 그 순간 학생들에게 영상 하나를 보여준다. 영상에는
학생들의 아버지가 등장한다. 고등학생을 둔 가장들은 50을 넘긴
중년들이다. 아버지들에게 같은 질문이 주어지지만 대답은 학생들
과 달랐다. 아버지들은 자신의 꿈보다 5억 원을 선택하며 남겨질
자식들을 걱정한다. 영상을 보며 울컥했던 것은 학생들에게 질문
이 주어졌을 때 나 또한 5억이라는 돈이 남겨진 아내와 아들을 위

해 더 소중한 선택이 될 거라 생각했기 때문이었다. 아마 처음에는 꿈을 선택한 아버지들이라도 조금만 달리 생각하면 실제로는 사랑하는, 남겨진 이들을 위해 돈을 선택하는 데 주저하지 않을 거란 생각이 들었다.

처음 바이럴 영상이 돌아다닐 때는 영상의 출처가 나오지 않았다. 그러나 그 후 다시 보게 된 화면에는 푸르덴셜의 로고가 삽입되어 있었다. 푸르덴셜은 종신보험으로 유명한 보험회사다. 나 또한 이 회사의 종신보험을 갖고 있다. 아무 생각 없던 총각 시절에 가입한 것이지만 혹시 무슨 일이 생겼을 때 아내와 아이에게 줄 수 있는 작은 보탬이라 생각하면 마음이 든든하다. 푸르덴셜이 만든 광고에는 그 어디에도 종신보험에 가입하라는 메시지가 없다. 다만 자식을 둔 아버지의 입장에서 사랑하는 사람들을 위해 해줄 수 있는 것이 더 많았으면 좋겠다고 얘기할 뿐이다. 깊은 공감은 보험료가 얼마나 저렴하고 어떤 보장이 있으며, 연금 전환 기능의 유무 같은 것보다 더 큰 울림으로 소비자에게 각인될 수 있다.

최근 여러 기업들이 디지털 영상 캠페인을 통해 소비자의 공감을 끌어내기 위해 노력한다. 그러나 소셜 네트워크 사회와 고객을 통찰하고 그들의 내면을 이해한 다음에 나온 소통이라기보다는 한순간의 유행에 기대거나 광고제 수상을 목표로 하는 경우가 더 많다. 마케터와 대행사의 욕심이 투영된 일시적 마케팅 전술로는 소비자의 마음에 오래 남을 수 없다.

떨어지는 TV 시청률이나 제품의 차별성이 적어지는 시점에서 고객과 소통하려는 노력들을 폄하하고 싶지는 않다. 하지만 수없이 넘쳐나는 바이럴 영상 캠페인에 고객을 생각하는 기업의 철학과 진정성이 담겨 있는지, 아니면 일시적인 이벤트인지를 누구보다 잘 아는 것은 바로 고객이다.

그런 점에서 타이 생명보험은 수십 년 동안 감동적인 광고 시리즈를 통해 고객과의 공감을 끌어내는 기업으로 유명하다. 타이 생명 보험은 2014년 '무명 영웅   ' 광고를 통해 2400만 회 이상의 조회수를 기록하며 많은 감동을 주었다. 유튜브에서 'Thai Insurance'를 검색하면 수백만 조회수를 기록하고 있는 여러 감동적인 광고 영상을 만날 수 있다. 타이 생명보험은 고객의 일상에서 일어날 수 있는 삶에 대한 애정 어린 시선을 감동스럽게 담아내는 것으로 정평이 나 있다. 이런 명성은 지난 30년 동안 오직 한 가지, 사람에 대한 '감동'에 초점을 맞춘 한결같은 의지가 있었기 때문에 가능했다. 타이 생명보험은 1942년 만들어진 태국 최초의 보험사다. 이 회사는 30년간 상업성을 배제한 공익성 광고를 통해 태국 소비자들에게 많은 사랑을 받고 있다. '무명 영웅' 외에도 치매에 걸린 부인을 정성으로 보살펴주는 남편의 사연을 담은 'Forget Me Not'이나 언어 장애 딸을 가진 아버지의 사랑을 다룬 'Silence of Love'는 보는 이들의 눈물샘을 자극하며 타이 생명이 지향하는 사랑의 가치를 잘 전달한다.

보험은 일상의 평범함 속에서는 가치가 드러나지도, 관심이 가지도 않는 상품이다. 타이 생명보험은 관심도 없는 보험 상품 이야기를 하기보다 삶의 가치, 가족과 사랑의 가치에 대해 질문을 건넨다. 그리고 언젠가 다가올지 모르는 삶의 어려운 상황에서 사람들을 도와주는 기업으로서의 이미지를 만들어가고 있다.

길지 않은 역사지만 국내의 디지털 마케팅 상황을 감안하면 2년째 의미 있는 공감 캠페인을 진행 중인 AIA도 눈여겨볼 만하다. 특히 '엄마의 밥'이란 영상은 잔잔한 감동을 주기에 충분했다. 동영상은 호주에서 일과 공부를 병행하며 워킹홀리데이를 통해 꿈을 이루고자 노력하는 청춘들의 인터뷰로 시작한다. 워홀러라 불리는 이들은 낯선 땅에서 가족을 뒤로하고 일과 학업을 병행해야 하는 외로움과 삶의 고충을 이야기한다. 인터뷰를 마치고 평범한 한인 식당으로 이동한 워홀러들은 자신의 집에서 쓰던 그릇, 엄마의 음식과 비슷한 식사에 의아해한다. 사실 식사는 진짜 엄마가 만든 밥상이었다. 워홀러 앞에 엄마들이 등장하자 예상치 못한 상황에 어리

타이 생명 보험은 2014년 '무명 영웅Unsung Hero' 광고를 통해 2400만 회 이상의 조회수를 이끌어냈다. 타이 생명보험은 관심도 없는 보험 상품 이야기를 하기보다 삶의 가치, 가족과 사랑의 가치에 대해 질문을 건넨다. 그리고 언젠가 다가올지 모르는 삶의 어려운 상황에서 사람들을 도와주는 기업이라는 이미지를 만들어가고 있다.

둥절해하다 곧 울음을 쏟아내고 만다. 워홀러의 삶을 조명하는 인터뷰는 사실 가족의 그리움을 이기며 살아가는 그들에게 엄마의 밥상을 선물하려는 이벤트였다. 적지 않은 유튜브 광고비를 투자했겠지만 이를 본 고객들은 수만 개의 '좋아요'를 누르며 호응을 보냈다. 영어 자막으로 된 영상은 외국인들의 반응 또한 뜨겁다는 것을 댓글로 확인할 수 있다.

AIA가 선보인 영상은 이번이 처음이 아니다. 2014년에도 '청춘 군대를 가다' 캠페인을 통해 군 입대를 앞둔 20대 청년들의 두려움과 가족의 걱정을 잘 표현해 호응을 얻은 적이 있다. AIA는 보험의 필요성을 절실하게 느낄 수 없는 젊은 층을 타깃으로 청춘들의 고민을 꾸준히 보여주고 있다. 젊은이들의 고민은 결국 가족의 고민과 맞닿아 있기 때문이다. '엄마의 밥'을 통해서도 어려운 취업 관문을 뚫기 위한 청춘들의 고된 일상을 보여준다. 대한민국 청춘들의 고민과 그 고민을 함께 나누는 가족들을 연결시켜 결국 모든 국민이 공감할 수 있는 보편적 감동 요소를 캠페인으로 만든 것이다.

이러한 시도와 도전은 긍정적이다. 마케팅의 단기 효율을 기대하는 사람들은 돈 낭비라 치부할지도 모르겠다. 하지만 AIA가 지속적으로 한국의 젊은이들에게 관심을 두고 그들의 아픔을 헤아려주는 시도를 하다 보면 그들의 보험 관여도가 올라가는 미래를 기대할 수 있을 것이다.

모든 기업에게 어려움이 있겠지만 보험 회사만큼 고객에게 부정적으로 인식된 산업은 없다. 지인 판매나 짜증나는 전화 권유들뿐만 아니라 구매 시에 상품의 가치를 전혀 느낄 수 없다는 점도 부정 인식을 강화하는 요소다. 보험은 미래의 사고에 대비하는 상품이다. 훗날 안 좋은 일이 벌어졌을 때만 그 가치를 알게 된다. 젊고 건강한 사람일수록 보험 상품에 관심을 두지 않는다. 그런데 앞서 살펴본 사례들 어디에도 보험을 가입하라는 메시지는 나오지 않는다. 보장 내용이나 가격도 없다. 하지만 많은 사람들이 영상을 보고 눈시울을 적시며 공감을 표현한다. 이런 공감은 단기 실적과 연결되지 않을 것이다. 하지만 분명 공감이 더 중요해지는 세상으로 변하고 있다. 고객은 따뜻하게 배려하며 마음을 헤아려주는 기업들의 손을 들어줄 것이다. 지금 우리의 기업들은 고객에게 무엇을 팔고 있는지, 어떤 마케팅을 통해 고객의 마음속에 들어가려 하고 있는지 돌아보면 좋겠다.

나쁜 경험이
더 빨리
전파된다

2015년 7월 가슴 훈훈한 미담이 소셜 미디어를 타고 급속도로 전파됐다. 리어카로 차를 긁은 할머니의 메모지 한 장 때문이었다. 차주는 할머니의 메모지 사진을 올리며 오히려 할머니의 초조함을 걱정했다. 그는 "할머니가 떨리는 목소리로 전화를 받았다"며 "보험 처리하면 되니 걱정 마시라"고 안심시켰다. 이 글은 순식간에 20만 개가 넘는 '좋아요'를 받으며 사람들의 감동을 이끌었다.

소셜 미디어는 각박한 세상을 살아가는 사람들에게 훈훈한 감동 스토리를 퍼 나르는 좋은 수단이 되었다. 글을 읽은 사람들은 차주를 칭찬했고, 그가 운영하는 가게를 찾아가 매상을 올려주겠다고 했다. 계좌번호로 차량 수리비를 대신 내주겠다는 사람이 나타나기도 했다. 하지만 며칠 지나지 않아 이 미담은 익명의 제보에 의해 특정 가게를 홍보하기 위한 자작극으로 드러났다. 제보된 카카오톡 메신저에는 '이제 다들 손님 받을 준비해라', '팔로우 3천 늘고 내 글 좋아요 21만', '뉴스에 뜸. 엄청난 광고 효과다', '할머니를 섭외해라', '이거 걸리면 매장 당한다', '조심 또 조심' 등의 글들이 적혀 있었다.

　상품이나 서비스의 구매 단계에서 소셜 미디어를 통한 입소문의 영향력이 늘어나고 있다. 동시에 소셜 미디어를 어떻게 마케팅에 이용할 수 있을지 고민도 늘어난다. 사실 대기업을 비롯해 많은 기업들이 자신에게 유리하도록 여론을 조작하는 데 적지 않은 시간과 돈을 쓰고 있다. 온라인 평판 관리라는 미명 하에 자신늘에게 불리한 기사의 여론을 바꾸기 위해 댓글을 도배한다. 좋은 기사나 제품의 장점을 여러 게시판에 퍼 나르는 일은 기본이다.

　그만큼 기업은 소비자의 여론이 중요하고 소셜 네트워크의 힘이 막강하다는 것을 알고 있다. 자연스레 마케팅도 다양한 편법을 이용해 소셜 미디어나 인터넷 매체를 여론 조작의 툴로 이용하고픈 유혹에 빠진다. 최근에는 소셜 미디어를 통해 수많은 영상 콘텐츠들이 유통되면서 제품이나 브랜드를 노출하기 위한 영상을 제작한다. 재미나 감동을 주는 영상을 통해 자연스럽게 제품과 서비스의 장점을 노출하고 싶은 기대는 높지만 광고와 콘텐츠의 경계를 넘나들며 고객의 호응을 이끌어내는 것은 매우 어려운 일이다.

한 화장품 회사는 새롭게 출시한 브랜드를 홍보하기 위해 만든 영상이 연출된 것으로 드러나며 논란이 되기도 했다. 영상은 지하철에 주인 없는 100개의 쇼핑백이 운행이 끝날 때까지 얼마나 남아 있을지를 보여주는 관찰 형식의 영상이었다. 영상의 실험 결과는 그 자리에 그대로 남아 있던 6개의 쇼핑백 외에 유실물 센터에서 발견된 81개의 쇼핑백을 보여준다. 13개의 가방은 사라졌지만 87개나 되는 가방이, 아직 세상은 정직하다는 메시지를 전해주고 있었다. 영상은 100만 명 이상이 시청하며 소셜 미디어와 인터넷 매체를 통해 전파되었다. 하지만 실제로 돌아온 가방은 많지 않았으며 결과가 조작된 것으로 밝혀졌다.

광고 대행사에서는 업계에서 만들어지는 다양한 바이럴 영상의 뒷이야기를 듣게 된다. 수백만의 엄청난 조회수를 자랑하고 소비자들의 심금을 울린 바이럴 콘텐츠도 알고 보면 연기자의 연기였거나 의도된 연출이 많아지고 있다.

또 다른 유명 화장품 회사는 인터넷 카페 등 온라인에 실제 경험한 것처럼 이용 후기 형식의 광고를 게재해 과징금을 물은 사례도 있다. 이 업체는 대행사를 통해 특정 상품의 긍정적 이용 후기나 추천 글을 올리면서 마치 일반 이용자의 실제 경험인 것처럼 포장했으면서도 광고 글에 대해 경제적 대가를 지급한 사실은 공개하지 않았다.

기업은 잘 만든 콘텐츠 하나가 수십억을 투입하는 광고보다 강력한 효과를 나타낸다는 사실을 지난 몇 년간의 경험으로 알게 되었다. 때문에 편법을 동원해서라도 소비자의 시선을 끄는 강력한 콘텐츠를 만들고 싶은 유혹을 뿌리치지 못한다. 하지만 조작이 들통 나면 원하던 결과를 가져오지 못할 뿐만 아니라 훨씬 더 큰 손해를 감내해야 한다는 것 역시 많은 사례를 통해 증명되고 있다. 이런 사례들이 늘어나면서 무엇이 진실이고 거짓인지 판별할 수 있는 소비자의 능력 역시 높아지고 있다. 거짓 마케팅 활동으로 낙인찍힌 사례들은 오히려 더 많은 공유를 통해 퍼지기도 한다.

좋은 것은 느리게 전파되지만 좋지 않은 것은 훨씬 빠른 속도로 전파된다. 기업이나 제품의 이미지가 훼손되는 데 걸리는 시간도 훨씬 빨라지고 있다. 실제로 부정이 긍정보다 강하게 전파된다는 실증 연구도 나오고 있다. 한 연구 기관이 미국, 유럽 등의 소비자 7만 5000명을 대상으로 조사한 결과 좋은 경험을 한 소비자 중 25%만이 자신의 좋은 경험을 전파했다. 반면 기분 나쁜 경험을 한 소비자는 65%나 부정 경험에 대한 이야기를 전달했다. 또 주변의

10명 이상에게 자신의 경험을 전달한 비중은 좋은 경험을 한 소비자의 경우 23%에 그친 반면 나쁜 경험을 한 소비자는 48%로 2배 이상 차이가 났다.

기업의 마케터는 다양한 방법을 통해 자신들의 제품과 서비스가 좋다는 것을 알리고 싶어 한다. 그것은 TV 광고일 수도 있고 소셜 미디어의 기업 계정에 올린 글일 수도 있고 바이럴 영상이 될 수도 있다. 혹은 조작된 블로그의 글이나 기업들이 직접 쓴 구매 후기가 될 수도 있다. 그런데 마케터의 바람과는 다르게 소비자들은 점차 무엇이 진실인지 파악할 수 있는 힘이 생겨나고 있다.

미국 노스웨스턴 대학교는 고객 리뷰 관리 기업인 파워리뷰 PowerReviews와 공동으로 리뷰 평점이 구매에 어떠한 영향을 끼치는지의 상관관계를 분석한 조사결과 보고서를 발표했다. 미국의 온라인 쇼핑몰 사이트에서 22개 카테고리 11만 1460개 품목을 분석한 결과 구매를 결정하는 데 가장 영향력 있는 평점은 5점 만점이 아닌 4.2~4.5인 것으로 나타났다. 소비자 평가가 5점 만점인 경우에는 오히려 해당 상품 구매의 가능성이 더 낮아지는 것으로 조사되었다. 5점 만점 평가는 회사 내부 사람이나 마케팅 등을 통해 조작될 가능성이 많다고 생각하고 있는 것이다. 뿐만 아니라 구매 의사 결정 과정에서 긍정적 리뷰보다 부정적 리뷰를 더 중요시했다.

조사 참가자의 82%는 특별히 부정적인 리뷰를 더 찾아 나서는 것으로 밝혀졌다. (http://www.powerreviews.com/wp-content/uploads/2016/02/NorthwesternSelfSelection.pdf)

이처럼 소비자는 모든 것을 알고 있고 또 모든 것을 알게 된다. 파워 블로거의 글을 더 이상 신뢰하지 않는 것처럼 언젠가 블로그에 올라오는 모든 사용 후기들은 쓰레기 정보 취급을 받을 날이 올지도 모른다. 광고를 믿지 않는 것처럼 사용 후기들도 믿지 못할 것이다. 이런 결과들은 결국 기업에게 부메랑으로 돌아올 것이다.

마케팅
솔직성의
법칙

조금은 서툴더라도 꼼수를 부리는 것보다는 오히려 솔직하게 이야기하는 기업의 편에 서는 소비자들이 늘어나고 있다. "광고학 교수인 페이슨의 연구에 의하면, 다섯 가지 속성이 모두 경쟁사보다 뛰어나다고 말하는 것보다 그중 세 가지는 우리 브랜드가 더 뛰어나고 별로 중요치 않은 두 가지는 경쟁사가 더 낫다고 솔직히 말하는 경우에 오히려 고객의 구매의사가 높아진다고 한다."(홍성태, 〈자랑만 하는 것보다 약점까지 고백할 때 소비자 신뢰 높아져〉, 《조선비즈》, 2012년 2월 20일.) 이는 자신의 장점은 물론 단점까지 솔직히 밝혔을 때 호감이 높아지는 인간관계와도 비슷하다.

SNS 시대의 마케팅에서 고객들이 봐줬으면 하는 메시지를 일방적으로 전달하는 일은 더욱 어려워졌다. 제품의 카피나 브랜드 슬로건으로 포지셔닝하고 싶은 욕망은 오직 담당 마케터의 욕심일 뿐이다. 수많은 준전문가의 블로그 포스팅이나 실제 사용자의 후기를 통해 속속들이 제품에 대해 알 수 있는 환경에서 제품의 우월성만을 강조하는 메시지는 더 이상 통하지 않는다.

많은 기업들이 악플에 전전긍긍하고 거짓 여론을 만들기 위해 노력하고 있을 때 피자헛 코리아는 그와 반대로 악플을 수용하는 변화의 의지를 보여줬다. 2015년 '피자헛 악플을 읽다'라는 제목으로 시작하는 영상이 피자헛 페이스북에 공개됐다. 영상에는 피자헛 코리아 대표이사와 마케팅이사, 셰프와 점주들이 등장한다. 이어서 소셜 미디어에 올라온 고객들의 악플이 화면을 채운다. 맛없는 피자를 할인해서 먹었는데 낡었다거나, 광고할 돈으로 토핑이나 더 올려달라는 내용들이다. 악플에 당황해하는 임직원의 모습도 보인다. 이 영상은 고객의 진솔한 이야기를 거울 삼아 변화하기 위해 노력하겠다는 대표이사의 약속으로 끝이 난다.

해당 영상은 새로 출시하게 될 신메뉴의 디지털 마케팅 솔루션을 찾는 과정에서 나온 아이디어로 보이며, 고객의 목소리를 듣는 것은 일종의 광고 콘셉트다. 하지만 아이디어의 차용이나 광고 콘셉트라는 부분을 모두 수용한다 해도 피자헛의 악플 읽기 마케팅은 국내에서는 신선한 사례였다. 국내의 기업 정서로는 광고주가

수용하기 쉽지 않은 콘셉트이기 때문이다. 투명성이 강조되는 흐름에서 소셜 네트워크 시대의 마케팅을 고민하는 이들에게 조금은 해답을 줄 수 있는 사례다.

페이스북 페이지를 통해서만 이 영상을 110만 명 이상 시청했다. 소비자 역시 쓴소리를 듣는 일이 쉽지 않은 일임에도 대표이사까지 나서서 변화하려는 모습을 보이자 긍정적 반응을 보였다. 고객의 쓴 소리를 덮어버리거나 여론을 조작하려고 돈과 시간을 투자하는 사례들 속에서 피자헛은 솔직함을 통해 고객과 소통하겠다는 의지를 보여주었다. 하나의 바이럴 콘텐츠로 경쟁사에게 내준 시장 1위의 명예를 탈환할 순 없다. 새로운 피자의 매출을 지속적으로 견인하는 일도 녹록지 않을 것이다. 중요한 것은 소셜 네트워크 시대가 알려주는 고객의 요구를 이해하고 수용하려는 자세에 있다.

사실 앞서 소개한 피자헛 코리아의 마케팅은 미국 도미노피자가 선행했던 콘셉트다. 도미노피자는 자신들의 부족함을 드러내고 소비자의 의견을 겸허하게 받아들여 큰 성공을 거둔 바 있다. 미국 도미노피자의 '피자 턴어라운드' 캠페인이 그것이다. 이 캠페인은 기업의 솔직함과 겸허함이 얼마나 큰 영향을 미치는지 보여준다. 2009년 노스캐롤라이나 주의 한 도미노피자 매장에서 일하는 직원들은 콧속에 넣었다 뺀 치즈로 피자를 만드는 역겨운 장면을 촬영해 유튜브에 올렸다. 동영상에는 그렇게 만든 피자가 고객에게 배달되는 장면까지 포함되어 있었다. 어린 직원들의 철없는 장난이라고 하기에 도미노가 받은 타격은 매우 심각했다. 사건이 일어나고 3일이 채 되지 않아 도미노피자 CEO 패트릭 도일까지 나서서 사과했음에도 불구하고 고객 불만은 수그러들지 않았다. 미국 내 한 소비자 조사에서 꼴찌를 기록하며 주가도 곤두박질쳤다. 잃어버린 신뢰를 다시 찾는 일은 쉽지 않았다.

도일 CEO는 사내의 여러 반대에도 불구하고 위기를 새로운 도약의 기회로 삼자며 '피자 턴어라운드' 캠페인을 시작한다. 이 캠페인은 고객의 불만족에 대한 솔직한 인정에서 출발했다. 위기를 맞긴 했지만 도미노는 투명성의 시대에 진정으로 소통하는 기술을 알고 있었다. 도미노는 자신들의 SNS를 통해 고객들의 솔직한 불만들을 접수받았다. 그리고 이 내용을 가감 없이 TV 광고로 만들어 내보냈다. 도미노 피자는 마분지 같다거나, 먹어본 피자 중 최악이고 냉동 피자가 차라리 낫다는 원색적인 비난들이 그대로 TV에서 흘러나왔다. 하지만 광고에 소비자의 불만만 등장하지는 않았다. 광고의 말미에는 직접 CEO와 수석 주방장 등 임직원들이 출연했다. 그들은 광고를 통해 "그동안 맛없는 피자를 제공한 것에 진심으로 사과드린다."는 이야기를 진정성 있게 전했다. 2009년 NFL

플레이오프 때 내보낸 광고는 기존 패스트푸드 광고가 기록했던 최고 시청률을 경신했다.

패트릭 도일은 도미노피자가 처한 문제를 피하지 않고 솔직하고 겸허하게 받아들이는 것만이 문제를 해결할 것이라 생각했다. 그의 생각은 적중했다. 엄청난 비용을 투입한 캠페인이 끝나고 2010년 1분기 매출은 전년 대비 14.3% 상승했다. 패스트푸드 업계 역사상 가장 높은 단일 분기 매출 성장률을 기록한 것이었다. 그해 말까지 1년 동안 주가는 130%까지 상승했다.

도미노 피자는 진정성 있는 솔직한 반성을 토대로 고객이 원하는 새로운 피자를 개발했을 뿐 아니라 피자 배달의 전 상황을 파악할 수 있는 '피자 트래커' 프로그램을 도입했다. 사전 검열과 편집 없이 모든 고객의 후기를 타임스퀘어 전광판에 공개하기도 했다. 더 나아가 광고에서 실제 제공되는 음식보다 더 먹음직스럽게 보이도록 만드는 푸드 스타일링도 중단했다. 도미노는 약속을 성실히 이행하면서 필립 코틀러가 주장한 이른바 '브랜드 품격'을 지켰다. 도미노 피자는 진심 어린 반성 뒤에 잘못을 만회할 수 있는 다양한 실천을 통해 고객 신뢰를 구축해나갔다.

프린스턴 대학교 심리학 교수 수잔 피스크와 마케팅 전문가 크리스 말론은 《어떤 브랜드가 마음을 파고드는가》에서 사람 냄새 나

고객의 불만족을 솔직히 인정하는 태도에서 시작한 도미노 피자의 '피자 턴어라운드' 캠페인은 투명성의 시대에 진정으로 소통하는 법을 대표적으로 보여주는 사례다. 엄청난 비용을 투입한 캠페인이 끝나고 2010년 1분기 매출은 전년 대비 14.3% 상승했다. 이는 패스트푸드 업계 역사상 가장 높은 단일 분기 매출 성장률을 기록한 것이었다.

는 브랜드의 중요성에 대해 주장한다. 지난 오랜 시간 기업들은 이기적인 욕심을 채우려고 고객을 무시하기에 바빴지만 소셜 네트워크 시대의 소비자는 기업의 이기적 행태에 민감하게 반응한다. 도미노피자는 소비자에게 진심으로 사과하고 반성하는 모습을 보여주었고 말뿐 아니라 고객의 쓴소리를 받아들여 더 맛있는 피자를 만들기 위해 노력했다. 두 저자는 도미노피자처럼 가치 있는 좋은 의도를 있는 그대로 보여주는 집단은 소비자에게 존중받아 마땅한 존재라는 느낌을 주며, 이러한 인간적인 브랜드만이 고객 충성도를 높일 수 있다고 주장한다.

소비자는 마케터의 이야기나 광고 속 메시지가 기업의 편을 드는 편향된 메시지라는 선입견을 갖고 있다. 당연히 광고에 나오는 제품이나 서비스의 장점은 그것이 진실이라 할지라도 100% 받아들여지기 어렵다. 그렇다면 광고 메시지에 그 기업과 상품의 결점이 포함된다면 어떻게 될까? 결점은 100% 진실로 받아들일 것이고 그러한 결점은 소비자의 선택을 방해할지도 모른다. 그러나 결점까지 드러낼 정도의 솔직함은 소비자의 경계를 풀어놓을 가능성이 높다. 그리고 그러한 결점을 덮어줄 수 있는 강점이 동반된다면 소비자는 해당 제품의 강점에 더 큰 신뢰를 갖게 될 것이다.

소셜 미디어로 연결된 네트워크 세상은 그간 기업들이 추구하던 경쟁과 이기심에 실효성이 없다는 사실을 증명한다. 도미노피자의 도일 CEO는 위기 극복에 성공한 뒤 《파이낸셜타임스》와 가진 회견에서 "미국에서 우리는 신속한 배달과 적당한 가격으로 고객들에게 매우 실용적인 브랜드였지만, 우리 브랜드에는 감정적인 애착이 전혀 없었다."라고 밝혔다. (〈'노'를 '예스'로 바꾼 도미노피자, '휴머니티'의 힘〉, 《머니투데이》, 2014년 2월 10일.)

  소셜 네트워크 시대에 정보 권력이 소비자에게 이동했다는 의미는 기업의 문제나 제품의 결점 등이 확산되는 시간이 짧아졌다는 것과 같다. 관계의 밀도가 높아지고 완전체와 같이 연결되어 있는 소셜 네트워크의 정보는 순식간에 공유되기 때문이다. 대한항공의 땅콩회항 사건은 대한민국 전 국민의 이슈로 부각되기까지 단 2~3일도 걸리지 않았다. 모바일 환경은 이제 거의 실시간으로 정보를 확산시킨다. 이런 환경에서 조금의 거짓이나, 잘못에 대한 무대응은 돌이킬 수 없는 결과를 만든다. 역설적이게도 소셜 네트워크 시대는 반대로 진심과 솔직함, 정직을 통해 소비자의 마음을 얻을 수 있는 계기를 만들어주기도 한다. 소셜 네트워크의 시대는 알 리스와 잭 트라우트가 주장했던 여러 마케팅 불변의 법칙을 흔들고 있다. 하지만 그중 솔직함의 법칙만은 오히려 지금 시대에 더 중요한 마케팅 법칙이 될 것이다.

스스로의 결점을 인정할 때 잠재 고객은 해당 제품에 대해 긍정적으로 반응할 것이라는 솔직함의 법칙은 도미노피자처럼 문제 발생 후의 대처 방법으로 활용하기보다 이미 잘나가고 있는 기업이 소비자의 마음을 사로잡는 데 더 효과적일 것이다. 기업들은 문제 발생에 앞서 조금 더 일찍 그리고 과감하게 진정성을 갖고 소비자에게 다가가야 한다. 제품과 서비스에 문제가 있다면 고객은 반드시 알게 된다. 다만 그 시기가 언제인지 가늠할 수 없을 뿐이다. 때문에 기업이 먼저 문제를 알고 있다면 미리 나서서 솔직하게 대응해야 한다. 대응하지 않고 어물쩍거리는 동안 소비자들이 결점을 찾아내 더 큰 비난을 받을 수 있는 시점이 금세 찾아올 것이다.

폭스바겐의 사례는 기업이 소비자를 영원히 속일 수 없음을 잘 보여준다. 폭스바겐은 클린 디젤이라는 콘셉트로 배기가스를 줄인 엔진을 대대적으로 자랑했고 고객은 좋은 연비에 친환경적인 폭스바겐에 호응을 보였다. 하지만 폭스바겐은 고의적으로 배기가스 검사가 진행될 때 오염 물질의 배출을 낮추는 꼼수를 썼다. 검사를 통과한 폭스바겐의 차들은 실제 거리에서 기준치보다 40배 웃도는 매연을 분출했다. 오랜 시간 동안 쌓아온 독일 명차의 이미지를 구긴 것은 말할 것도 없고 폭스바겐이 팔리는 세계 곳곳의 정부와 소비자들은 법적 책임과 피해 배상을 요구했다.

LG경제연구원 김나영 선임연구원은 "정직으로 소통하면 결점도 소비자 마음을 얻는 통로가 될 수 있다."며 정보의 투명성을 추구하는 오늘날의 소비자들은 오히려 결점을 드러내는 것에서 정서적 공감을 일으킬 수 있다고 밝혔다. 결점조차 스스로 드러내는 것을 통해 기업이 소비자들의 의견에 귀 기울이고 있다는 시그널을 주는 동시에 개선의 의지를 전달할 수 있다. 결점 드러내기는 고객 유인 방법이 되어서는 안 되며 정직을 기반으로 고객과의 신뢰를 쌓는 것을 지향해야 한다고 주장한다. (김나영, 〈정직으로 소통하면 결점도 소비자 마음을 얻는 통로 될 수 있다〉, LG경제연구원 자료.)

점점 더 제품의 절대적 품질이 중요해지고 있다. 그렇다 해도 아직까지 마케팅이 제품의 품질을 높이는 일에 관여할 수는 없다. 마케팅을 실행하는 사람은 자신이 맡고 있는 제품의 장점은 물론 어떠한 단점을 갖고 있는지 잘 알고 있을 것이다. 모른다면 더 알아내야 한다. 소셜 네트워크 시대에는 결점을 숨기려고 급급하기보다 그 결점까지 깊이 들여다볼 필요가 있다. 결점을 드러낼 수도 있는 솔직함만이 고객과 만나는 현명한 방법이다.

착한 기업이
살아남는다

성심당은 대전의 명물 빵집이다.
줄 서서 먹는 사진이 소셜 미디어
에 매일 올라올 정도로 유명하다.
이 성심당의 60주년 기념식 현장
을 담은 글이 소셜 미디어에서 화
제가 되었다. 스토리 텔러 자격으로 행사에 참석한 페이스북 이용
자가 올린 기념식 풍경은 단순히 맛집으로만 알던 한 기업의 호감
도를 급상승시키기에 충분했다. 페이스북에는 "성심당 행사에서 대
표와 부서장 모두 올해 비전과 매출 이야기는 한마디도 하지 않았
다. 대신 위생과 똑같은 맛, 따뜻한 빵 공급, 사랑의 근무 환경을
다짐했다."고 적었다. 소셜 미디어에서 화제가 되자 추가 언론 취
재를 통해 성심당의 선행들이 더 공유됐다. 직원의 아버지가 돌아
가시자 대표와 임원들이 찾아온 이야기, 주변 포장마차 상인들에

게 공짜로 물을 쓰게 해준 이야기, 날마다 팔고 남은 빵을 고아원, 양로원, 장애인 시설 등에 나눠준 이야기 등을 접한 사람들은 "성심당의 사랑이 참 크네요. 1년에 몇 번 대전에 가지는 않지만 앞으로는 성심당으로 가야겠네요." "대전 출장 갈 때마다 적극 애용해야겠네요." "대기업들이 배워야겠네요."라며 호응했다.

미국의 경영 컨설턴트 제임스 챔피는 《착한 소비자의 탄생》에서 "진정성은 고객 기반을 확고히 다지는 핵심 열쇠다. 고객을 속여 어쩌다 거래를 따낼 수 있을지는 모르지만, 약속한 품질을 제공하기 위해 노력하지 않으면 더 이상의 비즈니스는 이루어지지 않는다. 진정성은 결국 이익이 되어 돌아온다. (…) 진정성은 제품이나 서비스 이상의 것이며, 회사의 모든 행동과 관계에 적용된다. 비즈니스에서 진정성은 정직의 가장 숭고한 형태이므로, 이를 갖추지 못한다면 성격이나 직업을 바꾸는 편이 낫다."라고 말한다.

영국의 트렌드 조사 기관인 트렌드 워칭은 결점이 있거나 결점을 드러내는 브랜드가 환영받는 플로섬flawsome이라는 트렌드를 소개했다. 기업이 자신의 실수를 인정하는 일은 흔치 않은 일이다. 종종 뉴스를 통해 소비자의 요구나 항의가 없음에도 불구하고 결함에 따른 리콜을 진행하는 기업을 보는 것이 신선하게까지 느껴진다. 기업은 스스로 실수를 인정하지 않고 누군가에 의해 실수가 밝혀졌을 때 이미 모든 것이 끝난 뒤라는 사실을 알아야 한다. 하지만 플로섭처럼 솔직한 자기 반성과 고백에 소비자는 더 깊은 호감을 보인다.

"실수나 결점이 드러났을 때 이를 가감 없이 진정성 있게 소통하면 소비자들은 이에 대한 정서적 공감이 생기게 되며 솔직한 사과에 마음을 열고 신뢰를 하게 된다. 실제로 텍사스 대학교 연구팀은 너무 완벽한 사람보다 약간 빈틈이 있는 사람들을 더 좋아한다는 사실을 실험으로 증명하기도 했다." (수잔 피스크 , 크리스 말론, 《어떤 브랜드가 마음을 파고드는가》, 215쪽.)

기업에 대한 태도 역시 사람에 대한 태도와 다르지 않다. 고전적 마케팅 사례로 잘 알려진 타이레놀 독극물 사건 역시 이러한 소비자의 태도를 잘 보여준다. 타이레놀은 유통 과정에서 누군가가 고의로 독극물을 주입한 타이레놀을 먹고 사망자가 생기자 타이레놀 복용을 중단하라는 광고와 함께 환불과 수거를 즉각 실시해 몇 달 만에 시장 점유율을 회복했을 뿐만 아니라 기업 윤리 경영의 최고 사례로 칭송받았다. 알 리스와 잭 트라우트의 저서 《마케팅 불변의 법칙》에 소개된 '솔직성의 법칙 The Law of Candor'은 스스로 부정적인 사실을 인정할 때 사람들은 이를 진실로 받아들일 뿐 아니라 오히려 긍정적으로 느낀다고 설명했다. 자신을 긍정적으로 표현하고 자랑하는 것은 소비자가 인정해줄 때까지 그 진실성을 입증해야 하지만 실수에 대한 솔직한 발언은 입증 절차 없이도 진실로 인정해주고 신뢰의 이미지까지 만들어준다.

국내의 기업들은 여전히 자신들의 결점을 숨기는 데 급급하다. 언론 플레이를 통해 기사 방향을 바꾸거나 댓글을 삭제하거나 다른 글을 의도적으로 올려 노출을 최소화하기도 한다. 하지만 이렇게 소비자의 목소리에 귀를 막는 것은 더 큰 화를 불러올 수 있음을 알아야 한다.

토요타가 2009년 대규모 리콜 사태 이전에 많은 소비자가 제기한 급발진 문제에 귀 기울이고 고객의 이익을 우선시하는 정책을 펼쳤다면 수십억 달러의 금전적 손해와 신뢰도 하락의 오명을 겪지 않았을 수도 있었을 것이다. 대한항공 역시 땅콩회항 사건에 대해 신속하고 투명하게 사실 관계를 밝힘과 동시에 피해 당사자들과 소비자에게 진심으로 사과했다면 상황은 빠르게 진화되었을 것이 자명하다. 가습기 살균제로 수많은 사망자를 낸 옥시 역시 출시 초기에 제기된 문제점에 대해 투명하게 사실 관계를 밝히고 판매 중지 등의 신속한 조치를 취했다면 수많은 인명 피해를 막았을 것이다. 사망자가 발생한 후에도 피해자를 위한 조치는 물론 유가족과 소비자들에게 진심으로 사과하는 모습을 보여줬다면 지금과 같은 결과를 가져오지는 않았을 것이다.

소셜 네트워크 환경에서 모든 기업들은 고객과의 솔직하고 열려 있는 소통과 유연한 대응을 준비해야 한다. 고객의 이야기에 귀를 기울이고 불만의 목소리를 오히려 개선의 기회로 삼을 수 있다는 점을 고려해야 한다. 기업에 대한 고객의 충성심은 멤버십 마일리지 포인트로 쌓이는 것이 아니다. 아메리카노 한 잔에 눈이 멀어 발현되는 것은 더더욱 아니다. 기업이 제품과 서비스, 브랜드에 대한 충성심을 요구하기 전에 과연 고객의 아픔이나 불편은 무엇인지 헤아려야 한다. 허황된 슬로건 속에만 존재하는 '고객 중심'이 아니라 진짜 고객의 이익을 위해 고민했는지 다시 생각해볼 필요가 있다.

좋은 친구라면 거짓말을 하거나 뒤통수를 치지 않는 것은 말할 것도 없고 어려움이나 불편함에 진심 어린 도움을 건넬 수 있어야 한다. 싫은 소리를 해도 들어줄 수 있으며 힘들 때 따뜻한 위로의 말을 건넬 수 있어야 한다. '친구'라는 이름으로 연결된 소셜 네트워크 사회에서 소비자는 점점 더 기업에게 따뜻하고 좋은 친구 역할을 기대하게 될 것이다.

60~70년대 산업화를 거쳐 고속 성장을 해온 한국의 기업들에게 지난 세월은 치열한 경쟁 속에 살아남기 위한 전쟁의 기간이었다.

저렴하고, 좋은 물건을 만들어 적절한 광고를 통해 고객의 관심을 받으면 물건들은 잘 팔려나갔다. 애국심 마케팅이 먹힌 시절도 있었다. 경쟁에서 승리한 기업들은 승승장구했다. 국내 시장뿐 아니라 해외 시장에서도 인정받으며 이름을 떨쳤다. 우리 기업에 대한 국민의 자부심도 드높았다. 한국의 기업들은 능력이 있었다. 능력 있는 친구였다. 그런데 투명해진 정보 환경에서 유능한 기업이 착한 기업은 아니라는 것을 알게 되었다. 능력은 있지만 따뜻한 가슴을 갖고 있지 않다는 것을 알게 되었다.

고객 중심이나 고객 행복이라는 단어가 광고를 통해 흘러나와도 소비자는 그와 동시에 부정부패를 일삼으며 마스크 쓰고 휠체어 탄 기업가들의 모습을 보게 된다. 화려한 성능의 제품 광고를 보기도 하지만 동시에 그 제품을 만들다 병에 걸린 노동자를 외면하거나 복직을 위해 수년째 싸우다 죽어가는 사람들의 안타까운 소식도 듣게 된다. 가슴 훈훈한 사회 공헌 활동의 뉴스 기사 옆에는 교도소 안에서까지 특별 대우를 받았다는 기업가의 이야기를 발견한다. 자살을 방지하는 멋진 캠페인을 만나기도 하지만 노조 탄압에 항의하는 직원의 자살 소식도 동시에 만난다.

고객은 이제 브랜드 이미지의 허상만을 좇지 않는다. 아니, 그럴 수 없게 되었다. 정보에 대한 완벽한 접근 환경은 소비자에게 프리

즘을 선물했다. 프리즘을 통해 소비자는 기업을 판단하는 다양한 스펙트럼을 보게 된다. 다양한 시선을 통해 누가 진짜 고객을 생각하는 진정성을 갖고 있는지 알게 되었다. 보도자료를 통해 전파되는 사회 공헌 행사나 기부금 전달 모습에서, 콜센터에서 헤드셋을 쓰고 환히 웃는 CEO의 사진에서 진정성을 느끼는 소비자는 더 이상 존재하지 않는다.

좋은 친구가 되려면 그에 걸맞은 모습을 보여주어야 한다. 돈 많고 능력 있는 친구지만 앞 이야기와 뒷이야기가 다르고 짐짓 나를 생각해주는 척하지만 정작 어떻게든 나를 이용해먹으려는 친구, 우리 우정 변치 말자며 약속하지만 언제 그랬냐는 듯 말을 바꾸는 친구, 진심 어린 조언에도 귀를 막아버리는 친구, 이런 친구를 사귀고 싶어 하는 사람은 없다. 하지만 하루에도 몇 번씩 소셜 미디어를 통해 말을 걸고 있는 기업 계정의 친구들은 여전히 이런 친구의 모습에 가깝다.

여전히 우리는 문제 있는 제품 구매자를 몇 푼의 돈으로 입막음하려는 기업, 소비자들의 항의와 불만이 담긴 구매 후기를 무단으로 삭제하는 오픈마켓의 행태, 소비자의 안전은 뒤로한 채 정부의 명령 없이는 자체적 리콜을 외면하는 기업들의 현실을 마주한다.

제임스 길모어는 《진성성의 힘》에서 "소비자는 당신이 판매하는 상품이나 그것을 판매하는 방식을 묘사할 때 이런 단어들('가식적인, 인위적인, 부정직한, 가짜의, 허위적인') 중 어느 하나라도 사용하는가? 그것이 바로 점점 더 많은 소비자가 기업이 제공하는 것을 바라보는 방식이다. 오늘날 사람들은 세계를 진실과 가식이라는 기준에서 바라보면서 사기꾼에게서 모조품을 구매하기보다 성실한 사람에게서 진품을 구매하길 원한다. 오늘날의 소비자는 충분한 양, 합리적인 가격, 우수한 품질만으로는 만족하지 못한다. 그들은 기업의 산출물이 자신의 이미지와 얼마나 잘 부합하는지 여부에 근거해서 구매를 결정한다. 그럴 듯하게 포장된 가식적인 산출물을 받아들이지 않으며 투명한 출처에서 제공되는 진실한 상품을 원한다. 기업은 이러한 진정성의 규범을 이해해야 한다."라고 이야기했다.

　미국의 기업윤리연구소 에티스피어가 세계에서 가장 윤리적인 기업 145곳을 선정해 해당 기업들의 연간 주가수익률을 조사한 결과 같은 기간 S&P 500 기업들의 평균보다 30%포인트나 높았다. 윤리적 경영이 수익성 향상과 밀접한 관계가 있다는 방증이다. (〈착한기업의 조건은?〉, 《머니위크》, 2013년 6월 14일.) 필립 코틀러 역시 시장이 성숙기에 접어들수록 소비자들은 기업이 이윤을 추구하는 데 급급하기보다 사회 문화적인 발전을 이끌어주길 기대하며 점점 많은 소비자가 공익이나 사회적 문제 해결에 대한 공헌도를 기준으로 기업을 판단할 것이라면서 3.0 시장은 소비자의 드러난 요구뿐 아니라 감춰진 바람까지 염두에 둘 것을 요구하기 때문에 기존의 기업들이 홍보를 위해 내거는 '사회 환원'이나 '공익 마케팅'과는 다르게 접근해야 한다고 주장했다.

그렇다면 정말 고객의 이익을 최고의 가치로 생각하고 이를 위해 제품과 서비스를 고민하며 고객과의 진솔한 소통을 통해 진정성 있는 신뢰를 받고 있는 기업들이 존재할까? 고객의 이익은 물론 파트너와의 공생과 환경 등 사회 공익을 추구하면서도 주주의 가치를 실현하고 지속 가능한 경영을 보여주는 착한 기업들이 있을까? 다음 소개하는 기업들에서 우리 기업들이 나아가야 할 방향을 찾아보면 좋겠다.

어니스트 티

음료가 아닌 정직을 파는 기업

Honest
tea

2011년 칸광고제에는 음료수를 1달러에 판매하는 무인 판매대 캠페인이 아웃도어 부문에서 금상을 수상했다. 미국의 음료수 회사 어니스트 티가 미국 전역에 무인 팝업 스토어를 설치하고 어니스트 티를 1달러에 무인 판매하는 일종의 정직 실험이었다. 이 결과 하와이는 100%로 가장 성직한 주로 뽑혔고 미국 전체의 정직 지수는 92%에 달했다. 2010년부터 매년 지속되고 있는 이 캠페인은 사회적 실험 형식으로 소비자에게 어니스트 티 브랜드와 제품을 자연스럽게 체험하게 했다. 미국인의 정직 지수라는 주제는 큰 반향을 일으켰고 미국은 물론 어니스트 티 브랜드를 세계적으로 알리는 계기가 되었다.

건강한 음료이자 정직이라는 기업 이념으로 다양한 사회적 기여를 실천 하고 있는 어니스트 티는 오바마나 윈프리 같은 미국에서 존경받는 인사들의 음료수로도 잘 알려져 있다. 제품명과 회사명을 '어니스트', 즉 정직이라 쓰고 있는 이 회사는 유기농 음료를 판매한다. 정직이라는 브랜드답게 비윤리적인 행위를 통해 생산되는 원료를 쓰지 않고 공정무역을 업계 최초로 도입했다.

이 회사를 창업한 사람들은 설탕투성이 음료수 시장에 먹을 만한 건강 음료가 없다는 사실을 인지한 예일대 경영대학원 교수와 제자였다. 하버드대와 예일대 MBA를 받을 만큼 엘리트지만 사회적 책임을 다하는 기업을 만들고 싶었던 제자 세스 골드, 좋은 음료수를 만들어 경영학 교수로서 자신의 생각이 통한다는 것을 보여주고 싶었던 배리 네일버프, 두 사람은 맛있으면서 몸에 좋은 건강한 음료를 만들기 위해 한 배를 탔다. 사업을 구상하던 당시 미국의 음료 시장에는 달고 칼로리가 높은 건강에 좋지 않은 음료뿐이었다. 1998년 갖은 어려움을 겪으며 보온병 5개에 담은 시제품으로 유기농 슈퍼마켓 홀푸드에 첫 납품을 했다. 어니스트 티는 첫해 25만 달러의 매출을 시작으로 2013년 매출 1억 달러를 돌파했다.

회사가 성장해가면서도 마케팅 비용에 투자하기보다는 건강한 음료로 사회에 도움을 주자는 미션을 갖고 정직한 제품과 진정성 있는 활동에 주력했다. 그들의 저서 《병 속의 미션 Mission in a Bottle》

에는 제품보다 정직을 더 중요한 가치로 삼고 있는 어니스트 티의 활동이 잘 소개되어 있다.

어니스트 티는 소비자에게 정직을 지키고 사회적 책임을 다하는 모습을 보여주기 위해 공정무역 개념을 도입했다. 음료 원산지인 인도 지역의 건강한 숲을 가꾸기 위한 자연보호 활동, 현지 노동자 처우 개선이나 교육 등을 지원했다. 상표 라벨에 들어가는 잉크 역시 식물성 오일을 사용하고 플라스틱 용기의 무게를 줄여 자원을 절감했다. 어니스트 티 키즈 음료수가 담겼던 파우치는 수거와 재활용을 통해 가방이나 필통으로 만들어졌다. 배리 네일버프는 "우리는 어니스트 티 이름이 박혀 있는 쓰레기를 만들고 싶지 않았다."라고 밝히며 어니스트 티가 사회적 책임이란 가치에 얼마나 집중하는지를 보여주었다.

그뿐 아니라 단기적으로 손해를 본다 할지라도 소비자를 속이지 않기 위해 상표 인쇄까지 완료된 음료수의 출시를 미루기도 했다. 저칼로리를 강조하기 위해 '제로'라는 이름으로 출시할 음료 한 병에 3.5칼로리가 함유된 것을 알고 제로라는 이름을 사용하지 않기로 한 것이다. 미국 식품의약국이 5칼로리 이하의 음료를 '제로 칼로리'라 부를 수 있도록 허용했음에도 정직성을 지키기 위한 선택이었다.

어니스트 티는 2008년 코카콜라에 지분을 매각했다. 유기농 건강 음료를 만드는 회사가 건강에 좋지 않은 콜라 회사에 인수된 아이러니에는 이유가 있다. 코카콜라가 어니스트 티를 인수하며 요청했던 것은 어니스티 티를 코카콜라로 만드는 게 아니라 코카콜라를 좀 더 어니스트 티처럼 만들어보자는 제안이었다. 어니스트 티의 영향력이 코카콜라를 움직일 수 있다면 그들의 건강한 음료로 사회에 공헌하고자 하는 미션이 더 큰 성공을 얻을 것이다.

《착한 소비자의 탄생》에서 세계적 경영 컨설턴트 제임스 챔피는 "진정성은 새로운 기업 경쟁력의 원천이다. 제품이나 서비스 판매를 넘어서 고결한 소명 의식을 통해 회사의 모든 행동과 사업적 관계가 정직하고 투명하게 이루어져야 한다."라고 강조한다. 또한 "비즈니스 역사상 가장 정보가 풍부한 시대에 소비자는 적극적으로 자신의 의견을 피력하고 기업 활동을 감시하는 능동적 존재로 변하고 있으며 기업의 진정성은 고객 기반을 확고히 다실 핵심 열쇠"라고 주장한다. 실제 저자는 분석을 통해 정직을 바탕으로 경영하는 기업이 조사 시점 이전 3년간 15%의 성장률을 보였다고 밝혔다.

어니스트 티가 건강한 사회를 만들고자 하는 진심은 영향력을 발휘했다. 시장에 나올 때 병당 평균 100칼로리였던 음료들의 칼로리는 2010년 60칼로리로 떨어졌다. "우리는 음료 진열대에서 시

건강한 음료이자 정직이라는 기업 이념으로 다양한 사회적 기여를 실천 하고 있는 어니스트 티는 오바마나 윈프리 같은 미국에서 존경받는 인사들의 음료수로도 잘 알려져 있다. 제품명과 회사명을 '어니스트', 즉 정직이라 쓰고 있는 이 회사는 유기농 음료를 판매한다. 정직이라는 브랜드답게 비윤리적인 행위를 통해 생산되는 원료를 쓰지 않고 공정무역을 업계 최초로 도입했다.

작해 세상을 바꾸려 합니다."라는 라벨 속의 미션을 위해 코카콜라
에 인수된 후에도 정직과 사회 공헌 미션을 위해 다양한 활동을 진
행하고 있다. 또한 고객을 속이거나 하청 업체의 노동력을 착취하
지 않고도 성공할 수 있음을 보여주고 있다.

코스트코

고마진에 중독되길 거부하다

고객을 등쳐먹지 않고도 창업 이후 30년 동안 눈부신 성장을 보여
준 기업이 있다. 미국 기업이긴 하지만 좀 더 낯익은 회사의 정직
하고 고객 지향적인 사례를 듣고 싶다면 코스트코가 주인공이 될
수 있을 듯하다. 코스트코는 국내에도 잘 알려진 미국의 글로벌 유
통 업체다. 그동안 해외 글로벌 유통 업체들에게 한국은 난공불락
같은 시장이었다. 세계 1위의 유통 업체 월마트는 2006년 모든 매
장을 이마트에 매각하고 한국에서 철수했다. 월마트에 이어 2위인
까르푸 역시 현지화에 실패한 뒤 한국을 떠났다. 그러나 1994년 진
출 이후 한국 현지화를 시도하지 않고도 여전히 한국 시장에서 성
공가도를 달리는 유일한 글로벌 유통 업체가 바로 코스트코다. 심
지어 코스트코 양재점은 전 세계 653개의 매장 중 1위로 연 5000억

이상의 매출을 올리고 있다.

이 회사의 2014년 8월 말 결산 매출은 1126억 달러였고 순이익만 205억 달러, 우리 돈으로 20조가 넘는다. 엄청난 이익을 내지만 코스트코에는 비정규직 착취나 갑질 논란은 물론 고객을 속이거나 높은 마진을 남기지도 않는다. 코스트코의 직원 복지는 업계 최고로 유명하며 시간당 20달러의 임금을 지급한다. 계산대에서 근무하는 캐셔들은 모두 정직원이다. 국가 의료보험이 발달되어 있지 않은 상황에서 민간 의료보험 제공이 큰 복지 중 하나인 미국에서 코스트코는 경쟁사와는 차원이 다른 의료 혜택을 제공하는 것으로 알려져 있다. 최근에는 '미국 내 직원 보수 및 복지 톱 25개사' 중에서 페이스북과 어도비를 누르고 2위에 오르기도 했다.

이런 코스트코의 신화를 이끈 것은 47세에 코스트코를 창업하고 2012년 CEO에서 물러난 짐 시네갈 창업주다. 짐 시네갈은 2008년 금융위기가 덮쳤을 때도 전 직원의 고용을 유지하고 자신의 임금을 삭감하면서 직원들의 시급은 꾸준히 올렸다. 뿐만 아니라 제품 공급자들에게 도움을 받아 오히려 제품 가격을 내렸다. 그의 CEO 시절 연봉은 35만 달러로 코스트코 매출의 절반에 불과한 코카콜라 CEO가 받는 연봉(1447만 달러)의 47분의 1이다. 시네갈은 창업 당시 돈은 매장에서 버는 것이고, 따라서 경영진은 매장 직원과 고객을 왕처럼 대접해야 한다는 철학을 세웠다. 그런 그에게 당연히 핵심 자산은 직원일 수밖에 없다. 코스트코 계산대 직원들의 평균 연봉은 5만 달러에 가깝다. 코스트코의 첫해 이직률은 6%대로 경쟁사 월마트의 50%와 비교가 되지 않는다. 직원 정년도 따로 없어 매장에는 정정한 노인들이 현직으로 근무하고 있기도 하다.

코스트코가 소비자의 사랑을 받는 가장 큰 이유는 저렴한 가격과 품질이다. 다른 유통사들은 높은 마진을 통해 이익을 내려고 노력하지만 코스트코는 '일반 상품 마진율 14%, 자체 상표인 커클랜드 마진율 15%' 원칙을 철저하게 지켜오고 있다. 국내 대형 마트의 유통 마진율이 30% 이상인 것을 보면 차이를 알 수 있다.

"15%는 우리도 돈을 벌고 고객도 만족하는 적당한 기준이다. 그 이상 이익을 남기면 기업의 규율이 사라지고 탐욕을 추구하게 된다. '조금만 더 조금만 더' 하며 마진을 높이다 보면 곧 고마진에 중독되기 마련이다. 실제 이 때문에 사라진 소매 업체들도 많다. 저마진, 저가격을 유지하는 것은 신뢰의 문제이며 고객이 우리를 이용하는 이유다. 고객은 환상적인 진열이나 크리스마스에 산타클로스 분위기를 즐기기 위해 우리 매장에 오지 않는다. 우리의 강점은 오로지 가격 대비 가치이며, 우리는 이 점을 잊어서는 안 된다."

고객을 등쳐먹지 않고도 창업 이후 30년 동안 눈부신 성장을 보여준 기업. 코스트코가 소비자의 사랑을 받는 가장 큰 이유는 저렴한 가격과 품질이다. 다른 유통사들은 높은 마진을 통해 이익을 내기 위해 노력하지만 코스트코는 '일반 상품 마진율 14%, 자체 상표인 커클랜드 마진율 15%' 원칙을 철저하게 지켜오고 있다.

(〈마진 15% 넘으면 상품 가격 내린다〉,《조선비즈》 2012년 8월 18일.)

짐 시네갈은 낮은 마진율을 고수하는 경영 철학을 지켜왔고, 저렴한 가격에 상품을 구입할 수 있었던 고객들은 90%가 넘는 연회비 갱신을 통해 코스트코에 이익을 만들어주고 있다. 코스트코에서 불편한 점으로 꼽는 것은 특정한 한 개의 신용카드만을 사용해야 한다는 것이다. 그러나 독점 계약을 통해 카드 수수료를 낮추고 이러한 노력은 다시 고객에게 혜택으로 돌아간다. 코스트코는 국내 유통사에서는 볼 수 없는 환불 정책을 실행하고 있다. 소비자는 구입한 제품이 마음에 들지 않을 경우 언제든 100% 환불받을 수 있다. 심지어 먹다가 맛에 실망한 식품을 가져가도 환불해준다. 컴퓨터(6개월 기한)만 아니면 환불 기간에 제한이 없다.

파타고니아

적자에도 매출의 1%를 기부하는 회사

아버지가 입던 옷을 아들에게 물려주고 새 옷 말고 헌 옷을 사라며 소비자에게 근검과 절약을 가르치는 회사. 회사가 어려워지면 가장 먼저 소유주와 경영자, 임원의 급여부터 줄이고 근무 시간을 직원 마음대로 조정하며 일과 시간 언제든지 서핑과 조깅을 즐길 수 있는 회사. 적자가 나도 매출의 1%를 기부하는 회사.

1973년 미국의 작은 도시 벤추라에서 설립된 파타고니아는 일반 기업이 상상조차 할 수 없는 경영 방식으로 고객의 절대적인 신뢰와 지지를 받으며 성장했다. 2008년 미국 금융위기 속에서도 매년 50%의 높은 성장률을 기록했고 2013년 미국 아웃도어 의류 시장 점유율 2위에 올랐다. 파타고니아는 인간과 자연을 존중하는 것이 궁극적으로 기업에 이익을 가져다준다는 사실을 지난 40년간 증명해왔다. 100% 유기농 목화만을 이용해 의류 제품을 생산하고 '발자국 연대기'를 통해 제품 생산이 미친 사회적·환경적 영향에 대한 정보를 소비자에게 제공한다. 또한 소비자에게 의류 수선 서비스를 제공해 제품의 수명 주기를 늘리도록 권장한다. 지구를 위한 1% 프로그램을 만들어 매출의 1% 이상을 환경 단체에 기부하고 불필요한 소비 억제를 위해 신제품보다 중고 제품 구매를 권장한다. 《포춘》은 파타고니아를 지구상에 존재하는 가장 쿨한 회사라 칭했다. 이렇게 파타고니아는 어떤 기업도 생각하지 못했던 특별한 경영으로 40년 동안 지속적인 수익을 올려왔다.

2011년 미국의 최대 쇼핑 시즌 블랙 프라이데이를 맞아 파타고니아는 '이 재킷을 사지 마세요Don't Buy This Jacket'라는 짤막한 카피의 광고를 《뉴욕타임스》에 실었다. 모든 기업이 미국 최대의 쇼핑 시즌을 맞아 소비를 부추기는 마케팅 활동을 벌이기에도 모자란 판에, 파타고니아는 오히려 자신들의 제품을 사지 말라고 광고했다. 싼 가격이라는 이유로 무분별한 소비가 일어나고 기업들이 낭비를 조장하는 문화에 경종을 울리기 위해서였다. 모두가 경쟁적으로 소비를 조장할 때 자신들의 제품을 사지 말라는 파타고니아의 광고는 사람들의 시선을 집중시키기에 충분했다.

광고에는 소비문화를 조장하고 있는 블랙 프라이데이 시즌을 비판함과 동시에 후세에 자연 유산을 남겨주는 좋은 비즈니스를 원하는 기업으로서 왜 자신들의 제품을 고객들이 사지 않았으면 좋겠는지를 자세히 설명했다. 그 설명은 이렇다. 첫 번째 이유는 이 제품을 만들기 위해 135리터의 물이 소비되는데 이 양은 45명이 하루 3컵씩 마실 수 있는 양이다. 두 번째는 이 제품의 60%는 재활용되어 생산되었는데 이 과정에서 20파운드의 탄소가 배출되며 이것은 완제품 무게의 24배나 되는 양이다. 세 번째로 이 제품은 신상품의 3분의 2만큼 쓰레기를 남긴다. 이처럼 자신들의 재킷 하나가 상품으로 만들어지기까지 얼마나 환경에 나쁜 영향을 미치는지 가감 없이 공개했다. 솔직한 고백과 함께 60%가 재활용으로 만들어진 이 재킷은 높은 제조 기준을 적용해 다른 어떤 제품보다 품질이 높다고 밝힌다. 이어서 파타고니아의 제품은 오래 입어도 새것처럼 튼튼하기 때문에 자주 새 옷으로 바꿀 필요가 없고 정말 도저히 못 입겠다면 재활용을 통해 다시 새 옷처럼 만들어줄 테니 굳이 새로 구입하지는 말라고 설명한다. 다른 기업들이 모두 제품을 사달라고 애원할 때 자신들의 환경 철학과 품질에 대한 자신감을 역설적으로 표현한 캠페인으로 파타고니아는 2년간 40%의 영업 실적 상승 효과를 보기도 했다.

만약 파타고니아의 이런 캠페인이 단기 이슈를 만들기 위한 디

2011년 블랙 프라이데이 시즌에 파타고니아는 '이 재킷을 사지 마세요.'라는 짧막한 카피의 광고를 《뉴욕타임스》에 실었다. 싼 가격이라는 이유로 무분별한 소비가 일어나고 기업들이 낭비를 조장하는 문화에 경종을 울리기 위해서였다. 모두가 경쟁적으로 소비를 조장할 때 자신들의 제품을 사지 말라는 파타고니아의 광고는 사람들의 시선을 집중시키기에 충분했다.

마케팅(Demarketing. 고객의 수요를 의도적으로 줄이는 마케팅 기법.)의 일종이었다면 고객은 금세 꼼수를 알아차리고 등을 돌렸을지 모른다. 그러나 파타고니아는 1973년 회사가 만들어진 이후, 환경을 최고 이념으로 다양한 환경 보호 활동을 진행해왔다. 1991년 파타고니아는 면화를 재배할 때 엄청난 농약과 인공 비료를 쓴다는 것을 알게 됐고, 일반 면화를 사용한 의류 생산을 중단하기로 했다. 1996년 봄부터 파타고니아의 모든 면직류는 100% 유기농법으로 재배한 면으로 만든다. 또한 매출의 1%를 환경 단체에 기부한다. 이익의 1%가 아니라 매출의 1%다. 여러 기업들이 마케팅 눈요깃감으로 사회공헌 활동을 이용하는 것과는 차원이 다르다.

2013년 《조선일보》와의 인터뷰에서 파타고니아의 창업자 이본 쉬나드는 "이윤 추구라는 기업의 기본 목적을 포기한 것인가? 아니면 일종의 마케팅 수법인가?"라는 질문에 대해 "따지고 보면 친환경적 제품은 없습니다. 물건을 생산하고 소비하는 과정 자체가 지구에 나쁜 영향을 줍니다. 인간은 유한한 자원을 낭비하는, 지구상에서 가장 유해한 종種입니다. 위험에 빠진 지구를 구하려면 어떻게 해야 할까요? 제품 자체를 생산하지 않아야 합니다. 그게 안 된다면, 적게 쓰는 것이 답입니다. 우리는 별로 필요하지 않은데도 물건을 삽니다. 그래서 우리는 새 재킷을 사라고 마케팅하는 대신 반진고리sewing kit를 내놓았습니다. 중고 재킷을 수선해 입으라는 의미입니다. 사람들이 단추를 다는 법을 몰라 수선에 관한 동영상 설명서도 만들었어요. 중고 제품을 쓰도록 하는 것은 지구를 위해 기업이 할 수 있는, 아주 책임감 있는 행동 중 하나입니다."라고 이야기했다.(〈우리의 1순위는 돈이 아닙니다〉, 《조선비즈》, 2013년 11월 16일.) 이러한 그의 생각은 '우리는 필요한 제품을 최고 품질로 만들고, 제품 생산으로 환경 피해를 주지 않으며, 환경 위기 극복을 위한 해법을 찾아 널리 알리고 실천한다.'는 독특한 사명 선언에도 잘 나타나 있다.

실제로 파타고니아의 홈페이지에만 들어가더라도 이 회사가 추구하는 철학을 단번에 알아차리고 느낄 수 있다. 홈페이지에는 제품이 생산되기까지 디자인부터 재생 섬유를 만드는 공장, 친환경 면화 인증과 바느질 공정 등을 거쳐 제품이 만들어지는 전 과정이 공개되어 있다. 이 공정에는 제품을 만드는 과정에서 나타나는 에너지 소비량과 쓰레기 배출량, 물 소비량 등의 정보를 투명하게 명시하고 있다. 환경을 소중하게 여기는 고객에게 합리적인 선택을 할 수 있도록 유도하고 있는 것이다. 파타고니아의 홈페이지에는 두 번째 메인 메뉴가 환경 보호 철학environmentalism이다. 다른 무엇보다 환경을 중요하게 생각한다는 철학이 드러나는 지점이다.

파타고니아는 광고 메시지나 홈페이지 메뉴를 통해 자신들의 주장을 알리는 데 그치지 않는다. 실제로 소비자들이 제품을 덜 사도록 이베이, 커먼 스레즈(Common Threads. 저소득층 어린이들을 위한 비영리 단체.)와의 제휴를 통해 소비자가 새 옷을 사는 대신 쉽게 헌옷을 교환할 수 있게 했다. 파타고니아는 2005년 이래 중고 의류 56톤 이상을 재순환했다. 2013년에는 고품질의 중고 파타고니아 의류를 구매할 수 있는 4개의 점포를 미국 내에 오픈했다. 중고 매장이 아닌 포틀랜드, 시애틀, 팔로알토, 시카고 등에 있는 파타고니아 일반 매장에서는 중고 의류 라인도 구매할 수 있다. 중고 의류를 교환하는 고객들은 다음번 구매 때 가격의 50%를 할인받을 수 있다.

오프라인 매장 또한 여느 패션 브랜드와 달리 시내 중심가의 값비싼 건물을 사용하지 않고 인테리어에도 돈을 들이지 않는다. 폐건물을 개조한 건물에 입점하거나 매장 인테리어에 재활용 제품들을 사용하고 있다. 파타고니아는 단기 매출을 위한 그린 마케팅을 이용하는 것이 아니라 전방위에 걸쳐 진심으로 환경과 고객을 생각한다. 이런 활동은 고객에게 인정받아 재킷을 사지 말라는 광고에도 불구하고 2013년 노스페이스에 이어 점유율 2위(12.7%)를 기록했다.

앞서 말한 것처럼, 어느 날 갑자기 나타난 회사가 환경을 중요하게 생각하니 우리의 재킷을 사지 말아달라고 외쳤다면 단기 이슈는 만들 수 있었을지언정 진정성에서 의심을 받았을 것이다. 진정성은 마케팅 수단이 아니라 기업 철학이다. 그것이 고객에게 인정받는 가치가 되었을 때 고객의 자발적 선택과 사랑을 받을 수 있다. 소셜 네트워크 시대에는 고객의 존경과 사랑을 받을 만한 가치를 제공하는 기업들이 성공할 확률이 높다. 반면 보여주기식 마케팅의 거짓 진정성은 역효과를 불러일으킬 수 있다.

이본 쉬나드는 "지옥은 제품이 아니라 광고로 경쟁하는 것"이라고 말했다. 그는 담배 제조사 말보로가 카우보이를 내세워 광고하는 것은 '조작'에 가까운 행위라고 했고, 샌프란시스코 아웃도어 매장에 아시아 사람들이 붐비는 것은 제품이 아니라 로고를 사려는 수요라고 평가 절하했다. 또한 그가 낸 책 《리스판서블 컴퍼니, 파타고니아》에서 "현재 세계는 '포스트 컨슈머리스트(post-consumerist. 소비 지상주의를 반대하는 운동)' 사회로 넘어가는 과도기에 있다."며 소비에 대한 소비자의 생각이 바뀌고 있다고 주장했다. "젊은 세대는 우리와 달라요. 그들은 우리가 지구를 파괴하고 있다는 점을 잘 알고 있어요. 그들은 광고를 믿지 않아요. TV도 안 봐요. 그들은 또래와 직접 소통합니다. 소셜 미디어가 하룻밤에 한 기업을 무너뜨릴 수도 있어요." 그는 75세의 나이에도 불구하고 유능한 CEO답게 현재 기업의 비즈니스 환경이 어떻게 변화하고 있는지를 잘 이해하고 있다.

물론 이본 쉬나드가 미래의 비즈니스 환경을 내다보며 과거부터 환경을 가장 중요한 기업 이념으로 삼고 파타고니아를 착한 기업으로 경영하지는 않았을 것이다. 그러나 분명한 것은 진정성 없는 광고와 마케팅에 수백, 수천억을 쏟아 부으며 고객을 돈벌이 수단으로 바라보는 기업보다 고객의 공감을 끌어내는 사회적 가치와 고객의 이익을 생각하는 기업들이 더 큰 사랑을 받을 확률이 높다는 것이다.

러쉬

마케팅 그 이상의 정직한 의미

먹고사는 문제에서 벗어나면 사람들의 시선은 다른 곳을 향한다. 한국의 소비자들은 그런 과도기를 지나가고 있다. 아직 공정무역이나 환경 문제가 구매 의사 결정 과정에 지대한 영향을 미칠 정도는 아니다. 하지만 10년 전의 소비자와 지금의 소비자가 다르고 차별적 우위 요소들이 평준화되는 환경은 사회적 가치를 추구하는 기업을 선택하도록 촉진할 것이다.

① 천연 재료를 고집하겠다. ② 광고를 하지 않겠다. ③ 포장을 세련되게 꾸미지 않겠다.

여느 대기업에서는 볼 수 없는 세 가지 차별화 포인트를 통해 전 세계 51개국 900여 개 매장에서 8000억 원의 매출(2014년 6월 기준)을 달성한 회사가 있다. 천연 재료를 통해 핸드 메이드 미용 용품을 판매하는 글로벌 기업 러쉬다.

기존 화장품 회사의 마케팅을 떠올려보자. 당대 최고의 미녀들이 앞 다투어 광고에 등장한다. 일반인과 비교도 안 되는 깨끗한 피부를 자랑한다. 광고에 등장하는 화장품을 쓰면 소비자의 피부도 그렇게 될 것 같다. 매장에는 형형색색의 고급스러운 용기와 포장 박스들이 여심을 유혹한다. 정작 용기 속 화장품은 눈곱만큼 들어 있고 다 쓴 용기는 분리수거 쓰레기통으로 직행한다.

러쉬는 기존 화장품 회사의 마케팅 방식과 모든 면에서 반대의 길을 걷고 있다. 유명 모델이 등장하는 광고도, 그 흔한 화장품 케이스도 없다. 러쉬 매장에 가면 못생긴 비누 덩어리를 종이에 싸서 판다. 전 제품의 70%가 비포장이다. 이들이 진행하는 캠페인 역시 기존 기업과 다르다. 기존 기업들의 캠페인은 제품의 마케팅과 연결되어 있다. 캠페인을 마케팅의 방식으로 이용하고 결국 매출을 높이는 데 이용한다. 러쉬는 마케팅의 방식으로 캠페인을 이용하지 않는다.

러쉬 창립자 중 한 사람인 마크 콘스탄틴은 "많은 회사가 캠페인을 광고처럼 이용해 더 많은 돈을 벌고자 합니다. 시간이 흐르면 캠페인의 의미는 퇴색되고 사람들도 더 이상 봐주지 않거든요. 그러면 회사는 무너지게 됩니다. 러쉬는 캠페인과 비즈니스를 별개로 봅니다. 정확하게는 비즈니스로 돈을 벌어서 캠페인 벌이는 데 쓰고 있습니다."라고 밝혔다. (〈진정성 마케팅으로 성공한 브랜드 '러쉬'〉, 《조선비즈》 2014년 12월 13일.) 그래서 동성애 찬성이나 동물 실험 반대, 팜 프리, 위안부 피해자 지원 같은 캠페인은 러쉬를 NGO로 착각하게 한다.

러쉬는 1994년 동물 보호와 친환경이라는 사회적 가치 아래 모인 사람들이 만들었다. 러쉬의 브랜드 이념은 환경Environment, 동물 Animals, 사람People이 조화로운 세상을 살아가야 한다는 것이다. 이 회사는 무분별한 삼림 채벌의 원인이 되는 팜유 소비를 줄이기 위해 팜유가 안 들어간 세계 최초의 비누를 생산했다. 환경을 훼손을 최소화하기 위해 샴푸도 고체로 만들어 판매한다.

제품 역시 '신선한 핸드 메이드'를 핵심 가치로 과일이나 채소 등 먹을 수 있는 식물에서 추출한 친환경 성분으로 제조한다. 그들이 제품의 제조 공장을 '키친'이라 부르는 것만 봐도 화장품을 먹는 음식처럼 생각하는 철학이 느껴진다. 자연에서 얻은 신선한 재료를 이용해 음식을 준비하듯 직접 손으로 제품을 만든다는 취지다. 러쉬는 크리에이티브 바잉Creative Buying이라는 이름의 전담 팀이 화장품의 원료를 구입하기 위해 세계 곳곳을 돌아다니며 원료를 찾아낸다. 블루베리 프레시 마스크를 제조 판매하기 위해 러쉬 코리아가 충남 천안의 한 블루베리 농원에서 원료를 공급 받아 만드는 식이다. 현지에서 생산한 신선한 재료는 좋은 제품에 반영된다.

CEO 앤드루 게리는 이윤이나 가치 중 하나를 포기하라면 이윤을 포기할 것이라고 자신 있게 이야기한다. 실제 러쉬는 동물 실험을 거치지 않은 화장품의 수입을 금지한다는 이유로 50조 가치의 중국 시장 진출을 거부했다. 중간 거래상에게 구매하던 에센스 오일의 순도가 20% 미만임을 알고 수익과 관계없이 즉시 공급과 구매를 중단했다. '행복한 사람이 행복한 비누를 만든다'는 기업 가치를 통해 인재 선발 시 심성도 중요하게 고려한다. (《러쉬 공동창업자 버드, 최고경영자 게리》, 《중앙일보》, 2014년 5월 31일.)

소셜 네트워크 시대에 러쉬가 소비자의 사랑을 받는 것은 어찌 보면 당연하다. 유명 모델을 내세워 광고를 하고 화려한 과대 포장으로 유혹해도 이제 소비자는 어떤 제품이 진정 소비자를 생각하고 만들어졌는지 알 수 있다. 과대 포장 속에 숨겨진 진실을 알아내는 것은 어려운 일이 아니다. 러쉬는 포장 없이 날것으로 파는 비누처럼 투명성이 부각되는 소셜 네트워크 시대에 투명한 알몸으로 소비자에게 다가간다.

러쉬는 비즈니스의 가치와 목적을 행복한 세상과 고객에 두고 명분과 실리를 함께 추구할 경우에도 성공할 수 있음을 보여준다.

러쉬는 기존 화장품 회사의 마케팅 방식과 모든 면에서 반대의 길을 걷고 있다. 유명 모델이 등장하는 광고도, 그 흔한 화장품 케이스도 없다. 러쉬 매장에 가면 못생긴 비누 덩어리를 종이에 싸서 판다. 전 제품의 70%가 비포장이다. 러쉬는 비즈니스의 가치와 목적을 행복한 세상과 고객에 두고 명분과 실리를 함께 추구할 경우에도 성공할 수 있음을 보여준다.

러쉬의 홈페이지에는 그들의 기업 철학을 알 수 있는 '우리는 믿습니다We Believe'라는 내용이 있다. "우리는 러쉬 제품의 품질이 좋으며 고객이 항상 옳다는 것을 믿습니다. 우리는 신선함이라는 단어에 마케팅 이상의 정직한 의미가 담겨 있다고 믿습니다." (〈진정성 마케팅으로 성공한 브랜드 '러쉬'〉, 《조선비즈》, 2014년 12월 13일.)

자포스

직원 행복이 고객 만족이다

자포스는 2009년 7월 아마존의 기업 인수 금액 최고가인 12억 달러에 인수되었다. 진심을 돈으로 환산할 수는 없지만 왜 아마존이 최고가에 설립 10년차 온라인 신발 판매 회사를 인수했는지를 이해한다면 그 진심의 가치를 짐작할 수 있을 것이다. 아마존이 자포스를 인수할 때까지 자포스는 미국 내에서 큰 관심의 대상이 아니었다. 때문에 미국 비즈니스계에서는 매우 큰 이슈가 되었다. 《아마존은 왜 최고가에 자포스를 인수했나?》에는 자포스 CEO 토니 셰이의 철학과 자포스 성공의 원동력이 무엇인지 잘 나와 있다. 자포스는 인터넷으로 신발을 산다는 것이 거의 불가능하다고 여겨졌던 1999년 자금 15만 달러로 시작된 회사다. 그러나 이 회사는 2008년 금융 위기 속에서도 1300%의 성장률을 기록하고 2011년

21억 달러의 매출을 올렸다.

대부분의 회사들이 고객 센터라 부르는 부서는 기업의 핵심 부서가 아니다. 그러나 자포스에게는 고객 접점에서 고객과 만나는 '컨택센터contact center'가 최고의 핵심 부서다. 그래서 콜센터가 아니라 컨택센터라고 부른다. 이 센터는 365일 운영되며 모든 직원이 외주가 아닌 100% 정직원이다. 토니 셰이는 직원을 행복하게 하면 당연히 그 행복이 고객에게 전달될 것이라 생각했다. 1년여에 걸쳐 직원들과 소통한 뒤 만든 자포스의 첫 번째 핵심 가치는 '고객 감동 서비스를 실천하자'이다. 대부분의 콜센터가 고객과의 통화 시간을 제한하는 데 반해 자포스는 최선의 고객 응대를 위해 시간을 제한하지 않는다. 문제를 해결해주기 위해 10시간 동안 고객과 통화한 사례도 있다. 어머니를 위해 신발을 구입했지만 어머니가 세상을 떠나자 신발을 반품해달라고 요청한 고객에게 반품 처리는 물론 한 다발의 꽃과 위로의 편지를 전달하기도 한다. 이러한 사례로 감동받은 고객은 '감동 때문에 눈물이 멈추지 않는다'는 추천평을 올리고 이는 소셜 미디어를 통해 확산되었다.

컨택센터 직원들은 고객 감동을 위해서 무한정의 재량과 자율 예산까지도 사용할 수 있다. CEO와 직원들이 만든 핵심 가치와 세상에 행복을 배달하는 것이라는 사명은 말로만 있는 것이 아니다.

자포스의 컨택센터. 이 센터는 365일 운영되며 모든 직원이 정직원이다. 토니 셰이는 직원이 행복하면 당연히 그 행복이 고객에게 전달될 것이라 생각했다. 1년여에 걸쳐 직원들과 소통한 뒤 만든 자포스의 첫 번째 핵심 가치는 '고객 감동 서비스를 실천하자'이다. 컨택센터 직원들은 고객 감동을 위해서 무한정의 재량과 자율 예산!까지도 사용할 수 있다.

모든 핵심 가치를 실천할 수 있도록 환경을 만들어놓았다. 신발을 파는 회사가 아닌 고객에게 행복을 파는 회사라는 생각 때문에 자포스에 없는 물건은 경쟁사의 쇼핑몰에서 사주기도 하며 피자 배달을 시켜도 아무 거리낌 없이 대신 피자 신청을 대신해준다. 기대를 뛰어넘는 감동들은 소셜 미디어를 통해 무한히 공유되며 브랜드 선호도와 신규 고객 창출, 재방문 등으로 기업 가치 상승을 이끌었다.

실제 자포스는 고객의 75%가 재구매를 하고 있으며 많은 신규 고객들이 광고가 아닌 소셜 미디어 등을 통한 입소문으로 유입된다. 자포스 브랜드는 14초에 한 번씩 SNS에서 언급되며 긍정적인 언급이 80%로 업계 최고 수준을 기록 중이다. (LG경제연구원 보고서, 〈초연결 시대의 마케팅 키워드는 진정성〉, 2014년 1월.)

"값싼 가격만 보고 오는 고객들은 경쟁 업체가 더 낮은 가격을 제시하면 떠난다. 평생 가는 고객을 만들려는 이유도 여기에 있다. 우리가 고객에게 더 나은 서비스를 제공하면 입소문을 통해 고객의 충성심은 커지고 회사는 더 성장하는 것을 깨닫게 됐다." (〈토니 셰이 CEO '물건' 파는 것보다 '고객 행복'이 우선〉, 《중앙일보》 2011년 1월 29일.) 토니 셰이 역시 SNS와 모바일로 완벽하게 연결된 소셜 네트워크 환경의 마케팅을 잘 이해하고 있다. 소비자는 칭찬보다 불만을 더 떠벌린

다. 하나의 칭찬은 10개의 불만보다 훨씬 큰 파급 효과를 일으킨
다. 기대하지 않았던 서비스는 감동으로 연결되며 이는 자발적 입
소문으로 이어진다. 자발적 입소문은 수백억짜리 광고로 만들 수
있는 것이 아니다. 고객 감동은 단순한 CS 교육만으로 이끌어낼 수
없다. 자포스는 CEO의 철학과 직원과 공유된 핵심 가치, 핵심 가
치를 실천할 수 있는 직원 존중과 행복, 권한 등의 요소를 통합적
으로 세심하게 관리했다. 그리고 그것이 결국 고객이 느끼는 진정
성이 되었다.

필립 코틀러는 《마켓 3.0》에서 "모든 직원들이 강력한 가치를 포
용하게 되면 그들 모두 권한을 보유할 수 있다는 확신을 얻게 된
다. 가치를 중요하게 생각하는 '가치 중심' 유형의 직원들은 너욱
열심히 일할 뿐 아니라 기업의 훌륭한 얼굴이 되어주며 소비자들
과 상호 작용을 통해 기업의 스토리와 일치하는 가치를 전달하는
역할을 해준다."라고 이야기했다. 토니 셰이가 직원들을 홍보 대사
로 만들기 위해 한 일은 바로 직원들에게 자포스가 고객에게 전달
해야 할 가치를 명확히 인지시킨 것이다. 그래서 직원들은 '자포스
는 신발을 파는 회사가 아니라 고객에게 행복을 전달하는 회사'라
는 가치를 포용하고 자신이 생각하는 고객 행복을 전달하기 위해
노력하고 있다.

탐스슈즈

세상을 바꾸는 소수의 실천

TOMS

많은 기업들이 CSR이나 코즈 마케팅이라는 이름으로 기부를 하고 사회 공헌 활동을 한다. 하지만 회사 자체를 기부 회사라 부르는 곳은 세상에 없다. 한 곳이 있다. 탐스슈즈. 이 회사의 CEO는 탐스슈즈를 기부 회사라 강조한다.

탐스슈즈의 CEO 블레이크 마이코스키의 명함엔 대표이사가 아닌 신발 기부 대장Chief Shoe Giver이라는 직함이 찍혀 있다. 블레이크는 탐스가 신발 회사가 아닌 기부 회사라고 강조한다. 이 회사는 창업 후 현재까지 신발을 신고 다닐 수 없는 에티오피아 등 개발도상국 60개국 어린이들에게 3500만 켤레의 신발을 기부했다. 회사가 했다기보다 신발을 구입한 고객들이 기부했다는 표현이 더 정확하다. 3500켤레를 기부했다는 것은 그 수만큼 소비자들도 신발 하나씩을 구매했기 때문이다. 다른 신발 회사처럼 천문학적 마케팅 비용을 들여 광고 하나 내보내지 않아도 소비자는 탐스슈즈를 선택한다.

보통 회사들은 이익을 내고 그중 일부를 기부한다. 이익이 먼저고 기부는 나중이다. 그러나 탐스슈즈는 판매와 동시에 기부가 이뤄진다. 남은 이익으로 기부를 하는 것이 아니라 기부를 먼저 하는 것에서 소비자들은 탐스슈즈의 진정성을 느낀다.

탐스슈즈는 신발 하나를 구입하면 하나의 신발을 어린이에게 기부하는 비즈니스 모델을 갖고 있다. 블레이크는 20대 시절 대학을 중퇴하고 돈과 성공을 위해 도전한 4번의 창업에서 큰 성공을 경험하진 못했다. 아이러니하게도 돈이 아닌 남을 돕겠다고 시작한 작은 사업은 그가 일군 가장 큰 성공이 되었다. 그가 신발 사업을 시작할 때 첫 목표는 250켤레만 파는 것이었다.

번번이 창업에 실패한 블레이크는 여행할 때 방문한 아르헨티나에서 빈민가 아이들에게 중고 신발을 나눠주는 NGO를 만났다. 그는 신발이 없어 학교를 못 가거나 질병에 노출되는 아이들이 생각보다 많다는 사실을 알게 된다. 아이들에게 신발을 기부해줄 수 있는 방법을 모색하다 생각한 것이 '원포원One for One', 즉 신발 하나를 팔 때마다 한 켤레의 신발을 아이들에게 주는 것이었다. 이 아이디어는 탐스슈즈의 비즈니스 모델이 되었다. 1회성 신발 기부 프로젝트로만 생각했던 이 일은 미국의 유명 패션 잡지 《보그》에 실리고 할리우드 유명 배우들이 구매에 동참하며 큰 성공을 맞게 되었다. 그러나 탐스가 성장을 거듭하자 비판도 생겨났다. 신발을 기부하는 것은 근본적인 문제를 해결할 수 없고 오히려 해당 지역의 경제적 자립을 방해한다는 것이다. 탐스는 이러한 비판을 겸허히 수용했다. 현지에 신발 공장을 세우기로 한 것이다. 이를 통해 해당 지역에 일자리를 창출하고 경제적 자립을 돕고 있다.

블레이크의 말처럼 탐스슈즈는 이제 신발 회사가 아니다. 신발뿐 아니라 안경과 커피, 가방으로 기부 아이템을 늘리고 있다. 깨끗하지 않은 물로 고생하는 전 세계 180만 명의 사람들을 위해 탐스 커피 하나를 구입하면 140리터의 물을 기부할 수 있다. 단순히 물을 기부하는 것은 아니며 해당 지역의 장기적인 물 공급 시스템 구축비용으로 쓰인다. 탐스 안경을 구입하면 개발도상국의 시각 장애인을 돕게 된다. 치료용 안경이나 의학 치료와 수술 등을 지원한다. 최근엔 네 번째 '원포원' 기부 상품으로 탐스백을 출시했다. 고객이 탐스백 하나를 구매하면 빈민국의 산모를 지원한다. 연간 4000만 명의 여성이 비위생적인 환경과 전문적 도움을 받지 못해 태아와 산모가 사망하는 고통을 겪고 있다. 탐스백 구매는 산모의 감염이

탐스슈즈의 CEO 블레이크 마이코프스키는 아르헨티나 빈민가에서 신발이 없어 학교를 못 가거나 질병에 노출되는 아이들이 생각보다 많다는 사실을 알았다. 아이들에게 신발을 기부해줄 수 있는 방법을 모색하다 생각한 것이 '원포원One for One', 즉 신발 하나를 팔 때마다 한 켤레의 신발을 아이들에게 주는 것이었다. 이 아이디어는 곧 탐스슈즈의 비즈니스 모델이 되었다.

나 신생아의 사망률을 낮출 수 있다.

탐스슈즈는 해결할 수 있는 사회적 문제의 영역을 넓혀가며 기부 문화를 확산하고 있다. 그 이유는 창업주 블레이크가 사업을 통한 이익 창출보다 기부에 우선 가치를 두고 있기 때문이다. 그는 국내 언론과의 인터뷰에서 "내 인생의 사명은 사람들의 삶을 개선하는 것"이라고 말했다. "비즈니스를 이용해 사람들의 삶을 개선하는 겁니다. 왜냐하면 기존 비즈니스는 사람들의 삶에 상처를 주었기 때문입니다. 사람들을 자신에게 유리하게 이용하고 환경을 해쳤습니다. 지금 비즈니스에서 기회는 사람들에게 상처를 주는 것이 아니라 그들의 삶을 개선하는 데 있다고 생각합니다. 기업의 목적은 더 이상 이익을 내는 데만 있지 않다고 생각합니다. 사회적인 니즈와 기업의 니즈를 조화하는 것만이 기업의 표본이 될 것이라고 생각합니다."

많은 회사들이 새로운 제품을 만드는 것으로 혁신을 정의한다. 하지만 블레이크가 생각하는 혁신은 다르다. "똑같은 사물이라도 다른 목적을 부여하는 것이죠. 우리가 파는 신발은 다른 사람에게 새로운 삶을 줍니다. 우리가 파는 선글라스는 다른 사람에게 새로운 시력을 줍니다. 바로 그것이 혁신입니다." 그는 성공의 정의에 대해 "성공은 세 가지의 조합 같아요. 행복한 일을 하면서, 남을 돕고, 돈을 버는 것입니다."라고 밝혔다.

탐스슈즈는 그 흔한 스타 마케팅이나 광고에 비용을 투자하지 않는다. 그들이 최초로 탐스슈즈를 알리기 위해 했던 일은 여행자에게 탐스슈즈를 신기는 것이었다. "여행객들에게 탐스슈즈를 신겼죠. 그들이 신발을 신고 그 체험담을 사람들에게 알리고, 신발이 필요한 지역의 아이들을 보고 오게 했습니다. 우리가 아닌 제3자들이 우리의 신발을 이야기하게 만든 것이죠. 물론 소셜 네트워크 서비스와 같은 파괴력 있는 소통 수단이 있었기 때문에 가능한 얘기였습니다." (〈우리의 1순위는 돈이 아닙니다〉, 《조선비즈》, 2013년 11월 16일.)

소셜 미디어는 충분히 공감이 가고 공유할 만한 가치가 있는 이야기에 절대 인색하지 않다. 탐스슈즈의 착한 기부 활동은 지속적으로 소셜 미디어를 통해 퍼져나갈 것이고 아마 계속 마케팅에 큰 비용을 쓰지는 않을 것이다. 탐스슈즈 본사 로비에 들어서면 문화인류학자 마거릿 미드의 말이 적혀 있다.

"소수의 사려 깊고 헌신적인 시민이 세상을 바꿀 수 있다는 사실을 의심하지 마라. 실제로 세상은 그런 소수에 의해서만 바뀌어 왔다."

PART 4

SNS 시대
생존 전략

프랑스 칸에서는 매년 칸 라이언
즈라 불리는 국제 광고제가 얼린
다. 칸 라이언즈의 수상작들을 살
펴보면 한 해 동안 전 세계 마케
팅의 방향이 어떻게 달라지고 있
는지 확인할 수 있다. 최근 들어 칸 국제 광고제의 선택을 받고 있
는 마케팅 캠페인들은 CSV, 즉 공유 가치 창조의 성격을 띠고 있
는 것들이다. 2016년에도 이런 흐름은 이어졌다.

　이제 사람들은 어떤 기업이 좀 더 나은 사회를 만들기 위해 진
심으로 노력하는지, 행복하고 편리한 삶에 대해 어떤 고민을 하고
있는지에 더 깊은 관심을 갖게 되었다. 정보의 주도권을 쥔 고객은
더 이상 기업의 횡포와 거짓을 가만히 보고만 있지 않는다. 언론과
의 밀약 등을 통해 소비자를 속이고도 건재했던 기업의 시절은 끝

났다. 소비자에겐 진정성이 있는 기업과 진정성이 없는 기업들을 숨아낼 수 있는 능력이 생겼다. 그런 능력들이 이제 기업의 생존을 좌지우지하게 된 것이다. 이번 장에서는 소셜 네트워크 시대의 변화된 환경을 살아가는 기업들이 생존하기 위해 어떤 전략들이 필요한지 몇 가지 키워드를 가지고 이야기해보고자 한다.

친구라고
다 똑같은
친구인가?

2000년 초반 〈친구〉라는 영화가
크게 히트한 적이 있다. 친구의 사
전적 정의는 '가깝게 오래 사귄
벗'이다. 물론 친한 친구와 그렇
지 않은 친구도 있지만 친구라는
말에는 정겨움과 신뢰 같은 뉘앙스들이 동반된다. 그래서 소셜 미
디어에서의 관계 맺기를 친구 맺기라는 이름으로 부른다. 기업 계
정 역시 고객이나 가망 소비자들을 친구나 팬이라는 이름으로 관
리한다. 기존의 기업이 물건을 판매하는 판매자의 입장에 가까웠
다면 소셜 미디어 덕분에 조금 더 친근하고 가깝게 느껴지는 계기
가 되기도 한다.

일반적으로 사람들이 친구에게 바라는 것은 무엇일까? 한 초등
학교 설문조사 결과 어떤 친구가 인기 있는 친구냐는 물음에 1위

는 친절하고 매너 있는 친구, 2위는 유머 있는 친구, 착하고 마음이 고운 친구가 3위였다. 그렇다면 자신을 고객의 친구라 생각하며 소셜 미디어를 운영하는 기업은 고객에게 인기 있는 친구로서 다가가고 있을까? 불행히도 그렇지는 못한 것 같다.

앞의 설문조사가 말해주듯이 일반적으로 사람들은 친절하고 매너 있는 친구, 착한 친구를 좋아한다. 소셜 미디어를 통해 기업은 소비자 개인들과 관계 맺기를 원하고 있다. 그 어느 때보다 기업은 소비자와 가까워졌다. 소비자는 하루에도 몇 번씩 소셜 미디어 계정을 통해 말을 걸어오는 기업을 만난다. 이제 소비자도 소셜 미디어를 통해 기업을 친구로 여기게 되었다. 하지만 '기업이 소비자에게 좋은 친구인가?'라는 질문에는 긍정적인 답을 기대하기 어렵다.

말로만 친구일 뿐 일방적으로 고객에게 충성심을 요구할 경우 소셜 미디어에서 어떤 일이 벌어질 수 있는지 보여준 사건(?)은 SNS 마케팅의 실패 사례로 회자되는 국내 자동차 회사의 이벤트였다. 이 회사는 새로 출시될 자동차 이름으로 4행시를 남기면 경품을 주는 페이스북 이벤트를 진행했다. 스타벅스 커피 한 잔을 받기 위해 멋진 4행시를 만들어줄 것이라는 기대와 달리 자동차의 결함을 꼬집는 4행시들이 대거 등장했다. 한 페이스북 이용자는 이와 같은 4행시를 올리고 가장 많은 '좋아요'를 받았다.

제 : 제네시스에서 또 물이 새네요.

네 : 네, 현대차는 원래 그렇게 타는 겁니다.

시 : 시속 80킬로로 박아도 에어백이 안 터지네요.

스 : 스스로 호구 인정하셨네요, 호갱님.

자동차 회사로서 현대자동차가 이뤄낸 눈부신 성과와 기여는 그야말로 탁월함을 뛰어넘는다. 글로벌 판매량 5위, 브랜드 가치만 20조가 넘는 것으로 평가받고 있다. 하지만 해외에서 인정받는 것에 비해 한국 소비자의 평가는 인색하다. 오랜 시간 동안 내수 시장에서 사업 기반을 다졌음에도 그 고마움을 진정성 있게 소통하지 못한 이유가 클 것이다. 국내 소비자는 더 이상 애국심이나 수입차는 사치라는 인식의 반대급부로 국내 브랜드 자동차를 선택하지 않는다. 그동안 소비자는 자동차의 전문적 기술 분야 정보에 접근하거나 이해하기 힘들었다. 하지만 지금은 다르다. 보배드림을 비롯한 자동차 관련 사이트에는 차종에 따른 성능은 물론 전문적 식견으로 국내 자동차와 수입 자동차의 가격 대비 성능을 비교하는 글들이 넘쳐난다. 뿐만 아니라 자동차 내부에 들어간 부품의 품질은 어떤지, 원가 절감을 위해 어떤 꼼수를 썼는지, 수출용과 내수용의 부품과 가격 차이는 어떤지 파악이 가능하다.

이런 이유 때문에 자동차 관련 커뮤니티와 소셜 미디어에서는 지속적인 원가 절감을 통한 품질 저하, 수출/내수용 차량의 가격 차이나 보증제도의 차이, 신차 출시 때마다 상승되는 가격 등에 곱지 않은 시선을 보내왔다. 고객 불만을 개선하거나 투명한 소통으로 의문을 해소해주는 노력 없이 고객들에게 충성심을 강요한 것은 소셜 미디어의 생리를 간파하지 못한 결과다. 세상에 완벽한 사람은 존재하지 않는다. 당연히 기업도 실수를 할 수도, 허물이 있거나 모자람이 있을 수도 있다. 문제는 이러한 실수들에 어떻게 대응하느냐다. 도미노피자를 위기에 빠트렸던 것은 유튜브 영상 하나가 아니라 그전부터 쌓여온 고객들의 불만이었다. 하지만 고객은 피자 턴어라운드 캠페인을 통해 자신들의 잘못을 솔직히 인정하는 기업의 모습에 감동했다. 과거를 반성하고 더 나은 모습을 보여주겠다는 의지를 보여주었고 소비자는 이에 화답했다.

현대자동차가 만약 예상치 못한 결과에도 불구하고 좀 더 솔직하고 투명하게 소통했다면 어땠을까? 소셜 미디어나 홈페이지에 올라오는 고객의 불만과 궁금증 하나 하나에 진심으로 응대하며 잘못은 사과하고 오해는 풀어주었다면 어땠을까? 100만 안티가 존재한다는 우스갯소리는 없었을지도 모른다.

늦은 감이 없지 않지만 현대자동차는 2015년을 기점으로 변화의 움직임을 보여주고 있다. 현대자동차는 2015년부터 마음드림이라는 행사를 통해 CEO를 비롯한 경영진이 직접 현대자동차에 부정적 인식을 갖고 있는 고객들과 만나는 행사를 시작했다. 또한 가장 많은 불만 고객들이 활동한다고 알려진 보배드림에 시승회를 제안하는 등 불만 고객층을 안으려는 노력을 보여주고 있기도 하다. 뿐만 아니라 2016년 3월에는 블로그에 'Talk H' 코너를 만들어 루머나 오해에 빠르게 대처하고 최근에는 'H-옴부즈맨'을 통해 제품, 서비스, 마케팅에 대한 고객 의견을 듣고 개선하는 소통 프로그램을 시작하기도 했다. 고객의 불만에 귀를 열고 소통을 강화하기 위한 현대자동차의 노력은 긍정적이다. 하지만 부디 이러한 노력이 점유율 하락에 따른 일시적 대처 방안이 아니라 소셜 네트워크 시대를 이해한 진정성 있는 대응으로 지속되길 바란다.

불신의 시대의
SNS 대화법

병원 정보를 알려주는 어플 '굿닥'은 페이스북에 사랑하는 남녀의 이별을 다룬 톡 메시지를 소재로 광고를 만들었다. 처음 연인의 메시지를 본 사람들은 광고라는 사실을 눈치채지 못하고 연인 간의 대화를 유심히 들어보게 된다. 의사 남자친구는 불안정한 미래와 조건이 맞지 않아 자신에게 부담을 주기 싫다며 헤어지자는 취준생 여자친구를 사랑으로 감싸 안아준다. 의사라는 직업에도 불구하고 취준생인 여자친구의 가치관과 믿음 때문에 헤어질 수 없다는 훈남 의사 남자친구의 메시지 내용은 바이럴되기에 충분해 보인다. 하지만 대화의 끝에 가면 이 모든 내용은 굿닥 어플을 광고하기 위해 만들어진 가상의 연출임을 알게 된다. 만약 마지막 한 장의 이미지가 없었다면 굿닥은 사람들에게 많은 욕을 먹었을지도 모른다. 마지막 이미지에는 이 콘텐츠를 제작한 인턴들이 광고임을 고백하며 엎드려 사죄하는 모습이 담겨 있다.

이 광고는 큰 반향을 일으키거나 바이럴에 성공한 마케팅 콘텐츠는 아니다. 마지막 대화 내용에 나타나는 광고 메시지는 이 콘텐츠가 자발적으로 바이럴되는 것을 원천적으로 막는 요소가 되기 때문이다. 하지만 인지도가 높지 않은 앱의 마케팅을 위해 이런 방법을 쓸 수밖에 없는 마케터의 솔직함을 재미로 승화시켰다는 것은 소비자에게 긍정적 요소로 작용될 가능성이 있다.

브랜드 마케팅 전문가 린 업쇼는 《정직이 전략이다》에서 "마케터는 이제 거짓을 대충 얼버무린 설득 커뮤니케이션으로 성공할 것이라고 기대할 것이 아니라 누구보다 더 진실이라는 것에 책임을 느끼고 행동할 필요가 있다."라고 밝힌다. "정직의 경계선이 어디인지 알 수 없는 위험한 마케팅을 시도하고 경계선을 언제 넘었는지조차 알지 못하는 일들이 벌어지고 있다. 경험이 부족한 책임자들은 합법적이긴 하지만 오해의 소지가 있는 광고나 미심쩍은 마케팅 활동을 승인하기도 한다. 매체 담당자들은 더 나은 방법이라며 고객들을 숨 막히게 하는 방법들을 고민하지만 이런 행동들이 고객의 관심의 싹을 잘라버리는 행위라는 것을 깨닫지 못한다."

LG 경제연구원의 한 보고서는 최근 들어 사람들이 정부나 미디어, 기업의 이야기를 신뢰하지 않는 경향이 나타난다고 밝혔다. 사건, 사고에 대한 정부의 해명보다 소셜 미디어에서 들려오는 이야기를 믿는 사람들이 많아진다는 것이다. 실제 2015년 에델만 신뢰도 지표 조사Edelman Trust Barometer 결과에 따르면 한국의 신뢰도 종합 점수는 2014년 51포인트에서 4포인트 하락한 47포인트로, 조사대상 27개 국가 중 18위를 차지했다. 한국은 2013년 신뢰도 중립 국가에서 불신 국가 대열로 합류했다.

특히 기업 신뢰도는 36%로 글로벌 기업의 평균 신뢰도(57%)에 비해 현저히 낮은 수치를 기록했다. 한국인은 자국 기업을 전 세계에서 10번째로 신뢰하고 있으며 2013년 대비 12포인트 하락했다. 한국인이 본 중국 기업의 신뢰도는 9포인트가 올라간 것 또한 흥미로운 부분이다. 또 기업의 산업 혁신 동기가 더 나은 사회나 소비자의 삶의 질을 향상시키기보다 기업의 이익에 맞춰져 있다고 응답하는 비율이 높았다. 응답자들은 한국 기업이 투명한 경영이나 고객의 목소리를 경청함으로써 진실성과 관계 형성을 개선해야 한다고 답했다. (에델만 홈페이지 참조.)

그야말로 한국은 불신의 시대로 접어들고 있다. 자국 기업에 대한 불신은 소비에도 당연히 영향을 미친다. 신뢰가 가지 않는 기업의 제품과 서비스를 구입할 이유는 없다. 예전처럼 애국심 마케팅 은 더 이상 통하지 않는다. 글로벌화된 유통 시장에서 신뢰가 가는 정직한 제품을 구입하는 일 또한 너무 쉬워졌다. 앞서 이야기했듯 이 해외 직구가 유행처럼 퍼지고 있는 것도 결국 신뢰에 대한 문제 로 풀이될 수 있다. 해외 직구가 최근 4년 사이 470%나 늘어난 것 은 국내보다 해외 제품이 더 좋은 품질을 갖고 있다는 인식이 한몫 했기 때문이다. 에델만의 조사에서 한국인의 기업 신뢰도 1위 국가 는 독일이었다. 신뢰가 구매로 이어지는 것은 최근 독일을 통한 해 외 직구가 늘어나는 것으로도 확인된다. 2015년 3월 해외 배송 대 행업체 몰테일의 발표에 따르면 전년 대비 같은 기간 독일 제품의 배송 건수가 135%나 폭증했다. 유로화의 약세도 영향을 주었지만 주부들의 독일 제품에 대한 신뢰가 영향을 미치고 있기 때문이다. 실 제로 모유 성분에 가까운 독일 고급 분유 압타밀, 명품 주방용품 브 랜드 휘슬러와 WMF, 보습을 위한 필수품 피지오겔 등의 직구가 증 가한 것으로 나타났다. 해외 제품에 대한 신뢰와는 반대로 국내에 서 파는 물건의 가격과 질 모두 상대적으로 떨어진다는 의심을 받 고 있다. 시장의 파이나 경쟁 환경이 다르다는 이유를 내놓기는 하 지만 미국이나 유럽에서 판매되는 제품의 가격과 품질이 국내 판매 제품보다 싸고 좋다는 것은 기정 사실화된 지 오래다. 지난 2014년에는 〈MBC 불만제로〉에서 국내 제과 업체들이 양과 질, 가격 등에서 내수용과 수출용 제품에 큰 차이를 둔다는 내용을 방영했다. 삼성이나 LG의 TV 역시 국내와 해외에서의 가격 차이가 심하다 보니 해외 직구 품목의 30% 이상을 차지하기도 한다. 《신동아》의 기사를 보면 미국에서 판매 상위에 오른 삼성 TV 5종의 한국과 미국 평균 판매 가격을 비교하자 최소 45만 원에서 최고 230만 원까지 차이가 났고 LG전자 TV 역시 판매가격이 258만 원까지 차이 나는 것으로 드러났다.

반대로 쉐보레가 한국에 출시하는 임팔라 모델이 미국 모델과 다르다는 글이 화제가 된 적이 있다. 알고 보니 한국 출시 모델은 미국 출시 모델에 비해 옵션 사항이 더 추가되었고 500만 원 정도 저렴함에도 불구하고 보증 기간이 더 길어 한국에 좋은 미국 내수 모델 차별이라는 이야기였다. 네티즌은 국내 자동차 회사들의 내수 차별과 비교하며 한국에 더 유리한 모델이 출시되는 쉐보레의 차별을 환영했다. 이런 사례들은 결국 국내 기업과 소비자 사이에 불신의 벽을 만든다. 그럼에도 불구하고 국내 기업들은 신뢰 회복을 위해 진정성 있는 마케팅이나 소통에 인색하다. 기업이 앵무새처럼 반복하는 진정성 없는 해명들은 변명처럼 들릴 뿐이다. 소셜 네트워크 시대에 여러 의혹과 궁금증, 잘못에 대해 진정성 있게 고객과 소통하려는 노력이 없다면 고객은 가차 없이 등을 돌릴 것이다. 기업은 고객 사이에 생겨난 불신의 골을 메우지 못한다면 그 골로 영원한 추락을 맛볼 수 있음을 인식해야 한다.

소셜 네트워크 시대의 소비자는 완전체에 가깝다. 분리되어 있는 개별의 존재가 아니다. 한 사람 정도는 무시하거나 막 다뤄도 되겠지라는 생각은 모든 고객들을 무시하고 함부로 다루는 결과로 나타난다. 소비자는 실시간으로 밀도 있게 연결되어 있다. 이런 시대에 고객의 신뢰를 얻기 위해서 어떤 마케팅이 필요한지 다음 소개할 맥도날드와 바디폼의 캠페인이 힌트를 줄 수 있을 듯하다. 이 두 가지 사례는 누구나 가질 수 있는 소비자의 의심이나 기업에 대한 불신을 소셜 네트워크 시대에 맞춰 세련되게 풀어낸 사례다.

많은 소비자들이 자신이 먹는 식품에 대해 궁금해한다. 언제 만들어졌고 유통기한은 언제까지며 원산지는 어디인지, 어떤 첨가제가 들어갔고 혹시 불결한 생산 과정을 거친 것은 아닌지에 의심을 갖게 된다. 때문에 수입 식품의 유통이 활발해지면서 원산지 표기가 법제화되기도 하고 다이어트 트렌드에 따라 일일이 열량을 표기하기도 한다.

웰빙에 대한 관심이 그 어느 때보다 높아지면서 햄버거와 같은 패스트푸드에 대한 소비자의 좋지 않은 시선은 계속되고 있다. 그만큼 많은 논란과 끊임없는 의심의 눈초리를 받고 있다. 하지만 기업은 무대응으로 일관한다. 이런 대처는 근거 없는 소문이나 불신으로 확대되고 있다. 맥도날드는 이런 소비자들의 의심과 궁금증에 직접 응답하는 '우리의 음식. 고객의 질문Our food. Your questions' 캠페인을 진행했다. 방법은 간단하다. 소비자는 트위터, 페이스북같은 소셜 미디어를 통해 맥도날드가 판매하는 음식에 대한 의구심, 불안, 궁금증들을 제시하고 맥도날드는 질문에 솔직하게 답해주는 것이다.

"저는 채식주의자인데 맥도날드 감자튀김에 고기즙이 들어 있다고 들었어요. 사실인가요?"

"캐나다 쇠고기 양이 적어서 남미에서 온 쇠고기를 쓴다는데 맞나요?"

"100% 쇠고기를 쓰는 게 정말인가요?"

"맥머핀에 들어가는 달걀은 진짜 달걀인가요? 너무 모양이 완벽해서 의심가요."

"왜 맥도날드의 음식은 그렇게 싼 건가요?"

언제인지 모르겠지만 한국에서도 햄버거 패티가 닭 머리를 갈아만들어졌다는 소문이 돌았던 적이 있다. 하지만 누구도 그 회사에소문의 진위를 물어본 적 없고 누구도 진실을 말해준 적 없다. 맥

맥도날드는 소비자의 의심과 궁금증에 직접 응답하는 '우리의 음식, 고객의 질문Our food. Your questions' 캠페인을 진행했다. 소비자는 트위터, 페이스북 같은 소셜 미디어를 통해 맥도날드가 판매하는 음식에 대한 의구심, 불안, 궁금증들을 제시하고 맥도날드는 솔직하게 답한다. 자신들의 약점을 드러내고 인정하며 솔직하면서도 정성 어린 대답은 신뢰감을 높임과 동시에 실제 소비자가 몰랐던 맥도날드의 노력까지 전달하고 있다.

도날드 캐나다는 소비자가 많이 궁금해했지만 차마 물어보지 못했던 맥도날드 음식에 대한 궁금증을 풀어줬다. 앞서 쓴 질문 예시들을 포함해 홈페이지에는 1만여 개 이상 되는 질문이 올라와 있다. 그런데 맥도날드가 이런 사소한 질문에 대답을 하는 방법은 고객의 예상과 기대를 뛰어넘을 만큼 솔직하고! 자세하며! 친절하다!

'왜 광고에 나오는 햄버거는 가게에서 파는 것과 다르냐'는 다소 얄궂은 질문에 마케팅 이사가 직접 등장한다. 담당자는 길거리의 한 매장에서 햄버거를 사 들고 광고 사진을 촬영하는 에이전시로 향한다. 에이전시에서는 포토그래퍼와 푸드스타일리스트가 좀 더 맛있게 보이도록 연출 작업을 한다. 푸드스타일링과 조명발, 컴퓨터 보정 작업의 모습까지 가감 없이 보여준다. 그리고 실제 매장에서 사온 햄버거와 광고에 나오는 햄버거를 적나라하게 비교해준다. 적당한 대답으로 고객의 날카로운 질문을 피하기보다 광고는 어쩔 수 없이 상품을 보기 좋게 만드는 과정임을 솔직하게 실토한다. 하지만 실제 구입한 햄버거와 최상의 이미지로 탄생한 햄버거가 동일한 내용물임을 강조하며 보는 이로 하여금 고개를 끄덕이게 한다.

가장 많은 질문은 당연히 햄버거의 핵심 재료인 패티에 대한 것이다. 맥도날드 햄버거 안에 있는 패티는 실제 100% 쇠고기인지, 소비자가 먹는 쇠고기의 소들은 어떻게 키워졌는지에 대한 질문들이다. 맥도날드의 담당자는 직접 목장을 찾아간다. 목장을 운영하고 있는 주인은 드넓은 목장에서 사료가 아닌 풀을 뜯어먹으며 자유롭게 방목되는 소들을 보여준다. 100% 쇠고기를 사용한다는 것을 증명하기 위해서 목장 주인이 등장해 직접 소비자를 안심시킨다. 뿐만 아니라 쇠고기를 가공하는 공장의 담당자는 직접 패티가 만들어지는 과정을 보여주며 그 어떤 충전제나 고착제 등을 첨가하지 않았음을 확인시켜준다.

백 마디 말보다 실제 과정을 보여주고 농장 주인이나 가공 과정의 매니저를 등장시켜 100% 순 쇠고기로 만들어지는 패티의 안전성을 설득력 있게 보여준다. 솔직함을 통한 신뢰와 함께 소비자를 위한 깨알 같은 재미도 잊지 않는다. 맥머핀에 들어 있는 달걀의 모습이 너무 완벽해서 진짜 달걀이 아닌 것 같다는 고객의 질문에는, 직원들의 달걀 깨는 기술이 탁월한 것이 그 이유라며 매장 직원들의 달걀 빨리 깨기 대결을 보여준다. 실제 직원들이 등장해 신뢰를 높이는 것도 모자라 '도대체 맥도날드의 음식들은 어떻게 해서 그렇게 싸냐'는 질문에는 맥도날드 캐나다의 CEO가 등장한다. CEO는 싼 가격이 대량구매의 힘 때문이라는 것을 증명하기 위해 하루 구매 수치까지 보여주며 고객에게 설명한다.

인터넷 영상을 통해 많은 사람들이 의심을 품고 있었던 썩지 않는 햄버거에 대한 궁금증은 유명한 식품과학자의 과학적 근거를 통해 해결해주기도 한다. GMO를 사용하느냐는 민감한 질문에는 솔직하게 맥도날드의 재료에 GMO 식품을 사용하고 있지만 캐나다 식품안전청의 엄격한 규제 하에 제한적인 사용을 한다며 소비자들을 안심시킨다.

자신들의 약점을 드러내고 인정하며 솔직하면서도 정성 어린 대답은 신뢰감을 높임과 동시에 실제 소비자가 몰랐던 맥도날드의 노력까지 전달했다. 진솔한 대답이 실린 동영상은 고객들의 열렬한 반응을 이끌어내, 광고 사진 촬영 컷의 비하인드 스토리 동영상 하나만도 유튜브에서 1000만 이상의 시청과 2만 7000건의 '좋아요'를 받았다. 이 영상뿐 아니라 대부분의 영상들이 수십만, 많게는 수백만의 조회수를 기록하며 맥도날드 캐나다의 진성성에 화답했다.

맥도날드 캐나다의 '우리의 음식. 고객의 질문' 마케팅 캠페인은 소셜 네트워크 시대에 기업의 진정성이 어떻게 소비자의 마음을 움직일 수 있는지 보여준다. 한국의 소비자들이 한때 낮은 품질의 대명사로 불리던 중국 기업보다 국내 기업을 불신하게 된 이유는 어쩌면 당연한 결과일지 모른다. 광고비를 가장한 뇌물을 제공해 언론의 입막음을 시도하고 수십 개의 아이디를 통해 여론과 댓글을 조작하며 고객의 지적에 눈과 귀를 막고 벙어리 행세를 하는 국내 기업에게 맥도날드의 마케팅은 시사하는 바가 적지 않다.

　고객의 부정적 의견에 적절한 대응을 보여주는 또 하나의 사례는 영국의 생리대 브랜드인 바디폼이다. 소셜 미디어가 등장한 뒤 마케터들이 가장 골치 아파하고 두려워하는 것 중 하나는 소비자의 불만이 여과 없이 소셜 미디어에 게재되는 것이다. 2012년 영국의 여성 위생 용품 브랜드 바디폼의 페이스북에는 리처드 네일이라는 남성이 쓴 불만의 글 하나가 올라왔다. 그는 광고에 등장하는 여성들은 생리 기간에도 자전거나 롤러코스터를 타면서 자유롭게 활동하는데 바디폼을 사용하는 자신의 여자친구는 광고와는 전혀 달랐다며 TV 광고에 나온 것들은 거짓말이라는 불만의 글을 올린다. 누가 보더라도 억지스러운 혹은 장난기 섞인 글이었지만 순식간에 수만 명이 '좋아요'를 누르며 공감을 표시했다. 바디폼은 당황했지만 오히려 위기를 기회로 삼기로 했다.

　글이 올라온 지 8일 만에 바디폼은 '진실을 답함Responds The Truth'이라는 한 편의 광고 영상을 통해 리처드 네일의 불만에 대응한다. 영상에는 바디폼의 여성 CEO가 등장한다. 이 여성은 정중하게 리처드 네일의 이름 거론하며 TV 광고에서 보여준 내용은 거짓이었고 행복한 생리라는 것은 없음을 인정하며 사과한다. 하지만 오래전 실험에서 실제 여성의 생리에 대해 있는 그대로를 보여주자 남성들이 쉽게 수용하지 못했다며 지금의 광고는 어쩔 수 없는 선택이었음 고백한다. 이 영상에 나오는 CEO는 생리대의 광고에 늘 등장하는 워터블루를 마시기도 하고 리처드 네일이 남자들이 원하지 않는 진실을 밝혔다며 연필을 부러뜨리는 제스처를 보여주기도 한다. 여성 CEO는 광고의 말미에 방귀를 뀌며 "여성들이 방귀를 끼는 걸 모르진 않았죠?"라는 위트로 마무리한다.

광고에 등장하는 CEO는 가상의 인물이다. 바디폼에는 CEO라는 직책이 존재하지도 않는다. 바디폼은 소셜 미디어에 등장한, 어쩌면 무시해도 될 듯한 고객의 장난스러운 게시글에 정성 어린 대응을 했다. 짧은 시간이었음에도 광고 한 편을 통해 고객의 목소리에 진중하지만 위트 있고 솔직하게 그들의 이야기를 들려주었다. 만약 리처드 네일의 글에 무대응으로 일관하거나 적절치 못한 대응을 했다면 바디폼은 생각지 못한 악영향을 받았을지 모른다. 그러나 오히려 참신하고 과감한 대응은 바디폼이 수십억의 돈을 들이고도 하지 못한 긍정적인 미디어 효과를 가져왔다. 실제 이 영상을 제작하는 데 들인 비용은 5000만 원 정도였지만 다양한 매체를 통해 소개되고 500만 명 이상이 시청하는 결과를 낳았다. 뿐만 아니라 2013년 칸 광고제 수상으로 영국에서 많은 이슈를 만들어냈다.

《진정성의 힘》을 쓴 제임스 길모어와 조지프 파인은 "사람들은

바디폼은 한 고객의 불만에 답하기 위해 TV 광고를 만들어 정중히 사과했다. 이처럼 참신하고 괴
감한 대응은 바디폼이 수십억의 돈을 들이고도 하지 못한 긍정적인 미디어 효과를 가져왔다. 실제
이 영상의 제작에 들인 비용은 5000만 원 정도였지만 다양한 매체를 통해 소개되고 500만 명 이
상이 시청하는 결과를 낳았다. 뿐만 아니라 2013년 칸 광고제 수상으로 영국에서 많은 이슈를 만
들어냈다.

더 이상 그럴듯하게 포장된 가식적인 산출물을 받아들이지 않으며, 투명한 출처에서 제공된 진실한 산출물을 원한다. 경영자들이 성공을 거두기 위해서는 기존의 경영기법에 더해서 소비자가 진실과 가식으로 인식하는 부분이 무엇인지, 그리고 어떤 요소가 소비자의 인식에 영향을 주는지 이해해야 한다."라고 주장했다. 소셜 네트워크 시대의 마케팅은 우리 제품이 고객에게 어떻게 기억되면 좋을지를 고민해서는 안 된다. 그보다 고객이 우리 제품과 서비스에 대해 어떻게 생각하고 있는지를 더 자세히, 면밀하게 관찰해야 한다. 이런 노력을 통해 고객에게 신뢰를 줄 수 있는 요소를 찾고 진정성을 동반한 마케팅을 진행해야 한다.

미국의 동성 결혼 합헌 결정 이후 기업에서는 동성 부부를 광고에 등장시키는 등 다양한 가족 구성에 대해 생각해보는 캠페인들을 진행했다. 미국의 크래커 회사 허니메이드는 '이것은 건강함This is Wholesome'이라는 캠페인을 통해 동성 부부, 흑인과 백인 부부 등 다양한 가정의 모습을 담았다. 다양한 가정의 형태에 대해 하나의 기준으로 바라보기보다 좀 더 열려 있는 시각을 담고 있다. 성이나 인종의 다름이 있다고 해도 가정의 다양성을 이해하고 모든 가정이 건강하고 행복하기를 바라는 메시지를 자신들의 과자 브랜드와 함께 이야기했다. 이 캠페인은 많은 소비자에게 찬사를 받기도 했지만 동시에 역겹다거나 받아들일 수 없다는 입장에 있는 소비자에게 공격받게 된다. 이런 상황이 벌어지자 허니메이드는 또 하나의 광고를 공개한다.

영상에는 소셜 미디어에 올라온 부정적 의견들을 포함해 자신들의 캠페인에 대한 소비자의 모든 의견을 프린팅한 뒤 두 명의 아티스트가 'LOVE'라는 단어를 만든다. 허니메이드는 자신들의 캠페인에 부정적인 의견을 내놨던 소비자들의 이야기까지도 모두 소중한 일부로 포용한다는 입장을 영상으로 표현해냈다. 이 캠페인은 2014년 칸 광고제에서 수상했다.

소셜 네트워크 시대의 많은 기업들이 피하고 싶은 것 중 하나가 자신들의 제품이나 서비스, 마케팅 활동에 대한 부정적 의견일 것이다. 만약 허니메이드가 이런 부정적 이슈에 대응해 소비자들과 날카롭게 대응했다면 또다시 엄청난 부정 이슈에 시달려야 했을 것이다. 하지만 허니메이드는 부정적 견해의 소비자들을 모두 포용하는 것이 자신들이 이야기하고 싶은 사랑LOVE의 진정한 가치임을 하나의 영상으로 현명하게 전달했다. 이처럼 소셜 네트워크 시대에는 자신과 다른 의견을 갖고 있는 소비자들의 생각도 존중하고 소중히 포용하는 의연함이 필요하다.

실시간 화제를
실시간으로
활용하라

소셜 네트워크 시대는 순발력이 마케팅의 성패를 좌우할 수 있다. 그만큼 트렌드는 빠르게 변화하고 고객의 변화 속도를 따라가기 쉽지 않다. 과거 마케터들은 2~3월은 졸업과 입학식, 5월은 가정의 달, 7~8월은 휴가 등 시즈널 이벤트를 생각하면서 일련의 프로모션을 기획했다. 고민이 없어도 그냥 이런 흐름에 맞춰 아이디어를 떠올리면 됐다. 누구나 그렇게 했고 조금만 튀는 아이디어가 있다면 다른 회사보다 조금 더 매출을 올릴 수 있었다.

그러나 지금은 시시각각 이슈가 달라지는 시대다. 과장을 조금 보태면, 어제 유명세를 탄 사람이 자고 나면 매국노가 되어 있기도 하고 어제는 듣도 보도 못한 제품이 오늘은 없어서 못 파는 시대

다. 2015년 전 세계의 SNS를 강타한 한 장의 사진이 있었다. 파랑
/검정 드레스 색깔 논란이었다. 누군가 재미로 올린 이 사진 때문
에 전 세계 소셜 미디어에서는 한바탕 난리가 났다. 실시간 공유로
전 세계는 하나의 이슈에 빠져들었다. 너도 나도 실제 드레스 색이
무엇인지 확인하느라 바빴다. 그러나 그 순간에도 전 세계적 이슈
를 그냥 넘기지 않은 마케터들이 존재했다. 던킨도너츠는 드레스
색깔 논쟁이 트위터를 들썩인 지 1시간 만에 검은색과 파란색, 그
리고 하얀색과 금색 도넛을 공개했다. 사진과 함께 "파란색, 검은
색, 그리고 하얀색, 금색 둘 중에 뭐든 상관없다. 둘 다 맛있으니
까"라는 깨알 같은 광고 문구를 넣었다. 일반적으로 도넛이 맛있
다는 게시물에 소비자가 큰 반응을 보일 리 없지만 핫이슈의 힘을
빌리면 결과는 달라진다. 평균적으로 던킨도너츠의 일반 트윗이
50개의 리트윗도 이끌어내지 못했던 반면 드레스 게이트를 이용한
트윗은 무려 3300회 리트윗과 4700회의 즐겨찾기를 이끌어냈다.
마케팅 기술 업체인 스프레드 패스트는 "던킨도너츠의 사례는 '파
검 드레스 논란'에서 기회를 잡았던 120개 이상의 브랜드 중 하나"
라며 "일반적으로 브랜드화된 트윗으로 얻는 것보다 훨씬 높은 수
준의 참여를 이끌어낼 수 있었다"고 평가했다. (〈'파검 드레스 논란을 기
회로' 던킨도너츠의 성공사례〉, 《CIO KOREA》, 2015년 6월 18일.)

쌍방향 커뮤니케이션의 중요성을 인식하면서도 지금까지 마케터들은 자신들이 전달하고 싶은 메시지에 몰입되어 있었다. 하지만 실시간으로 연결되어 있는 환경과 차고 넘치는 정보들 속에서 일방적 메시지 전달이 들릴 리 없다. 상시적으로 연결되어 있는 소비자들의 이야기에 끼어들 수 있는 방법은 그들의 이야기에 늘 귀를 열고 있는 것뿐이다.

예원과 이태임의 욕설 논란으로 두 연예인이 곤혹스러울 때 이를 이용해 인지도를 높인 회사가 있었다. 욕설 논란이 일어나고 불과 3일 만에 한 편의 영상이 등장했다. 광고 영상은 이태임의 "어디서 반말이니?"를 "어디서 반 마리니?"로, 예원의 "언니 저 마음에 안 들죠?"는 "언니 치킨 마음에 안 들죠?"로 패러디했다. 영상은 3일 만에 조회수 수백만을 넘었고 영상 덕분에 인지도가 높지 않았던 '기발한 치킨'은 2배 이상 매출이 급증했다. 회사에 따르면 최고로 매출이 증가한 지점에서는 267%까지 뛰었고 가맹 문의로 한때 홈페이지가 다운되었다고 한다.

기발한 치킨 마케팅 활동은 논란의 여지가 존재한다. 난처한 상황에 처한 논란의 당사자들을 이용해 기업의 이익을 추구했다는 비난에서 자유로울 수 없다. 하지만 영상 속 이슈가 되었던 대사를 자신들의 제품과 연결시키며 발 빠른 이슈 선점을 통해 인지도를

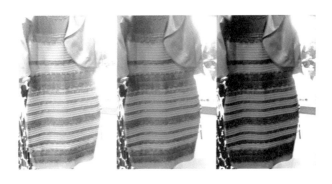

던킨도너츠는 드레스 색깔 논쟁이 SNS를 들썩인 지 1시간 만에 검은색과 파란색, 그리고 하얀색과 금색의 도넛을 SNS에 공개했다. 사진과 함께 "파란색, 검은색, 그리고 하얀색, 금색 둘 중에 뭐든 상관없다. 둘 다 맛있으니까"라는 깨알 같은 광고 문구를 넣었다. 평균적으로 던킨도너츠의 일반 트윗이 50개의 리트윗도 이끌어내지 못했던 반면 드레스게이트를 이용한 트윗은 무려 3300회 리트윗과 4700회의 즐겨찾기를 이끌어냈다.

높이고 매출을 극대화했다는 것은 소셜 네트워크 시대의 마케팅에 시사하는 바가 없지 않았다.

스마트폰과 LTE 네트워크, SNS와 메신저가 결합된 소셜 네트워크 시대는 모든 사건들이 실시간으로 공유된다. 이 때문에 마케팅은 늘 소비자의 관심이 무엇인지 실시간 모니터링을 해야 한다. 이를 통해 언제나 소비자의 이야기에 참여 가능한 대응 능력을 갖추어야 한다. 소셜 미디어를 강타하는 이슈는 매우 빨리 소비되고 또 그만큼 빨리 소멸된다. 빠른 시간 안에 소통에 참여하지 못하고 어물쩍거리면 최신 이슈는 어느새 구닥다리가 돼버리고 만다.

이런 시대의 흐름을 따라가기 위해 가장 중요한 마케터의 덕목은 당연히 순발력이다. 순발력을 뽐내기 위해 선행되어야 하는 것은 이슈를 파악하기 위한 지속적인 관찰이다. 오늘, 지금, 이 순간 어떤 일이 벌어지고 있는지, 고객이 지금 무슨 이슈에 열광하는지 알아야 한다. 이를 위해서 오감의 안테나를 고객의 흐름에 맞춰 놓아야 한다. SNS 마케팅은 유행을 파악하는 예민한 촉과 순발력, 그리고 소구할 제품에 대한 풍부한 지식을 가지고 있어야 한다. 트렌드와 이슈를 분석했다면 마케팅 소구점과 이슈를 연결할 수 있는 감각이 필요하다. 트렌드와 이슈에 민감하다고 매출에 도움이 되는 마케팅이 가능한 것은 아니다. 늘 제품과 서비스의 핵심 소구점들을 염두에 두고 있어야 한다. 그래야만 트렌드 이슈와 마케팅의 절묘한 줄타기에서 소비자의 이목과 공감을 이끌어낼 수 있다. 드레스 게이트 이슈에 달려들었던 미국의 기업은 120개가 넘었다. 하지만 모두가 소비자의 반응을 이끌어낸 것은 아니었다.

소셜 미디어의 발달과 그에 따른 미디어 소비 행태를 파악한 미국의 기업들은 꽤 오래전부터 이슈를 선점하고 고객들의 대화에 브랜드를 참여시키는 노력을 해왔다. 이러한 리얼타임 마케팅이 회자되기 시작한 것은 오레오 때문이었다. 2013년 슈퍼볼 경기에서 34분 동안 정전 사태가 발생했다. 미국에서 슈퍼볼의 인기는 한국의 월드컵 국가대표 경기를 능가한다. 이런 국가적 이벤트에서 1~2분도 아닌 34분간의 정전 사태는 시청자들에게 큰 충격을 주었다. 이 정전 사태 때문에 다양한 이해관계에 있는 기업들이 피해를 입었음은 자명한 일이다. 그러나 그 반대에는 최대의 수혜자가 있었다. 바로 오레오 쿠키를 만드는 제과 업체 나비스코였다. 최대의 스포츠 이벤트인 만큼 슈퍼볼의 광고비가 천문학적이라는 것은 잘 알려진 사실이다. 오레오는 비싼 돈을 들여 광고를 진행한 기업들을 물리치고 순발력을 동원한 센스 있는 트윗 하나로 최고의 광고 효과를 기록했다.

정전이 되자 슈퍼볼 게임은 중단되었고 수백만의 시청자들은 일

제히 SNS에 접속했다. 이때 슈퍼볼 정전을 검색하던 사람들이 본 것은 오레오 쿠키의 트윗이었다. 오레오는 "정전? 문제없어. Power out? No problem."라는 글과 함께 "당신은 어둠 속에서도 덩크할 수 있다. YOU CAN STILL DUNK IN THE DARK."라는 문구가 담긴 트윗을 게재했다. 어두워도 오레오를 우유에 찍어 먹는 것은 문제없다는 아이디어였다. 이 한 줄의 트윗은 정전 사태에 당황한 슈퍼볼 팬들의 큰 호응을 이끌어냈다. 1시간 만에 1만이 넘는 리트윗이 이뤄졌고 단 1달러의 비용도 쓰지 않고 총 5억 건이 넘는 효과를 만들어냈다. 이 성과는 오레오의 소셜 미디어 대행사가 현장에 있었기에 가능했지만 오레오의 SNS 마케팅에 대한 확신, 명확한 제품 소구점, 대행사의 권한 위임들이 잘 어우러진 결과였다.

오레오는 SNS 마케팅으로 고객에게 강렬한 인상을 심어주는 데 일가견이 있는 기업이다. 1912년 탄생한 오레오는 2012년 100주년을 맞았다. 100년이나 되는 오래된 역사는 그만큼 브랜드의 역사와 철학이 존재함을 증명한다. 그러나 그만큼 올드한 이미지는 젊은 세대를 끌어안는 데 단점으로 작용했다. 오레오는 구시대의 브랜드 이미지를 젊게 포지셔닝하고 싶었다. 오레오는 젊은 소비자를 끌어들이기 위해서 '오레오 데일리 트위스트 Oreo Daily Twist' 캠페인을 기획했다. 하루하루 젊은 층이 민감해하는 트렌드와 이슈

2013년 슈퍼볼 경기에서 34분 동안 정전 사태가 발생했을 때 오레오는 "정전? 문제없어.Power
out? No problem."라는 글과 함께 "당신은 어둠 속에서도 덩크할 수 있다.YOU CAN STILL DUNK
IN THE DARK."라는 문구가 담긴 트윗을 올렸다. 오레오는 비싼 돈을 들여 광고를 진행한 기업들
을 물리치고 순발력을 동원한 센스 있는 트윗 하나로 최고의 광고 효과를 기록했다.

를 오레오와 접목시켜 비주얼화했고 이를 매일 오레오의 트위터에 게재했다. 마치 하나의 예술 작품을 연상시키기도 하는 이 캠페인은 트위터 리트윗 515% 증가, 미디어 노출 약 2억 5000회, 페이스북 '좋아요' 280% 증가, 430억 페이지 뷰를 기록하며 SNS를 이용하는 젊은 세대에게 큰 호응을 얻었다. 정전 트윗 하나로 2013년 슈퍼볼 최고의 수혜자가 된 것은 지속적으로 트렌드에 관심의 끈을 놓지 않고 이를 제품에 적용해온 노력의 결과였다.

2014년에는 애플의 아이폰 6가 등장하며 전 세계적인 관심을 끌었다. 관심만큼이나 발매 이후 다양한 후기들이 올라왔고 찬사와 비판이 줄을 이었다. 초기 디자인에 대한 혹평들은 사용자가 늘어나며 좋은 평들로 바뀌었고 판매량 또한 기존 아이폰 시리즈의 기록을 경신하며 인기 고공 행진을 지속했다. 하지만 발매 초기 아이폰 6는 밴드 게이트라는 복병을 만났다. 인터넷을 뜨겁게 달구던 밴드 게이트의 시작은 미비했다. 몇몇 소비자가 아이폰 6 플러스를 뒷주머니에 넣고 다녔는데 아이폰이 몸무게 하중을 이기지 못하고 휘어지는 현상을 자신의 소셜 미디어에 올리는 정도였다.

하지만 IT 기기 리뷰 채널 언박스 테라피Unbox Therapy에서 실제 손의 악력만으로도 구부러지는 실험 영상을 공개하면서 사건은 걷잡을 수 없이 커져갔다. 이 영상은 6000만 건 이상의 조회수를 기록하며 구글이 발표한 2014년 유튜브 TOP10 영상에 오를 만큼 관심을 끌었다. 잘나가가던 아이폰 6의 판매에도 영향을 주며 아이폰의 인기에 찬물을 끼얹는 계기가 된 것은 물론이었다.

이렇게 시작된 밴드 게이트는 많은 소비자들의 웃음거리가 되었고 각종 소셜 미디어에 밴드 게이트를 조롱하는 게시물들이 올라왔다. 기업들 역시 재빠르게 애플의 밴드 게이트를 조롱하거나 비꼬면서 자신들의 제품 우수성을 홍보했다.

"우리는 휘어지지 않고 부러진다." 킷캣은 반으로 잘라 먹는 자신들의 초코 바를 알리는 데 이를 이용했다. 프링글스는 원래부터 휘어져 있는 과자 모양을 이용해 "조금 휘어진 게 무슨 문제냐"며 고유의 제품을 광고했고 하이네켄은 휘어진 뚜껑사진과 함께 자신들에게는 언제나 있는 일이니 걱정하지 말라고 조언했다. LG 역시 밴드 게이트에 가세해 자신들의 스마트폰은 구부러지지 않고 원래부터 휘어질 수 있도록 유연하게 만들었다고 자랑하기도 했다. 결과적으로 아이폰 6의 판매에 큰 악영향을 준 사건은 아니었지만 몇몇 브랜드들은 빅 이슈를 이용해 자신들의 브랜드와 제품을 알리는 계기가 되기도 했다.

국내에서도 앞서 제시한 사례와 더불어 사회적 이슈를 재빨리 캐치하는 리얼 타임 마케팅 사례가 증가하고 있다. 빅 이슈를 제공

We don't bend, we #break.

#bendgate #iPhone6plus

45°

아이폰 6의 밴드 게이트가 화제가 되었을 때 킷캣은 "우리는 휘어지지 않고 부러진다."는 트윗으로 자신들의 초코 바를 알렸다. 하이네켄은 휘어진 뚜껑사진과 함께 자신들에게는 언제나 있는 일이니 걱정하지 말라고 조언했다. 이처럼 빅 이슈를 이용해 자신들의 브랜드와 제품을 알리면 예상치 못한 파급 효과를 볼 수 있다.

한 사건은 땅콩회항 사건이었다. 이를 통해 가장 큰 재미를 본 기업은 G마켓이다. 12월 5일 땅콩회항 사건이 발생하고 불과 4일 후인 12월 9일 G마켓은 짧은 트윗 하나를 올린다. 내용은 매우 짧았다. "긴말하지 않겠다. 그 땅콩. (사실은 마카다미아)." 이 트윗은 하루 만에 1500회 리트윗되며 소비자의 관심을 받았고 언론의 조명으로 더 많은 사람들에게 알려졌다. 트윗이 나간 지 일주일 만에 마카다미아는 전주 판매량의 2077% 증가했다.

오레오처럼 G마켓은 평소에도 트위터를 통해 소비자에게 상품을 재미있게 소개하는 데 공을 들여왔고 땅콩회항 사건의 최대 수혜사라는 평가를 받았다. G마켓의 뒤를 이어 홈플러스, 옥션, 카카오픽 등에서 '비행기까지 돌려세운 그 맛', '둘이 먹다 하나 내려도 모르는 마카다미아 너츠, 조현아 땅콩'이라는 이름으로 마카다미아 판매 대열에 합류했다. 사람들은 큰 관심을 표현했고 이는 다시 많은 사람에게 재전파되었다. 결국 맛에 대한 호기심은 실제 매출로 연결되었다. 《하와이 뉴스 나우》라는 매체의 보도에 따르면 이 땅콩 사건으로 인해 마카다미아 생산 업체는 한화로 약 400억 이상의 매출 효과가 있을 것으로 추산했다.

2014년 10월에는 러버덕이 한국에 도착했다. 2007년 네덜란드 설치 예술가인 플로렌타인 호프만이 무게 1톤의 초대형 고무 오리를 만들고 러버덕 프로젝트라는 이름으로 전 세계 순회 전시를 시작했다. 오사카, 시드니, 상파울루 등의 도시를 방문하고 한국은 아시아 투어의 종착지였다. 러버덕은 가는 도시마다 시민들의 뜨거운 반응을 몰고 왔다. 한국 역시 석촌 호수에 자리 잡은 러버덕을 보기 위해 시민들의 발걸음이 끊이지 않았다. '러버덕이 당신을 미소 짓게 만들고 지루한 일상에서 벗어나 잠시 휴식을 가질 수 있게 할 것'이라는 호프만의 생각처럼 석촌 호수를 찾은 시민들은 다양한 사진을 찍어 소셜 미디어에 올리며 즐거움을 나눴다. 제2롯데월드 마케팅을 위해 롯데가 야심차게 준비했고 300만 이상의 사람들이 석촌 호수의 러버덕을 구경했다. 하지만 안전성 문제를 덮는 마케팅으로는 완벽하지 못했던 것 같다. 시민들은 롯데월드에 관심을 두기보다는 귀여운 러버덕에 관심을 두었고 러버덕 역시 여러 민첩하고 센스 있는 기업들의 마케팅 소재가 되었다.

그런데 러버덕이 설치 후 몇 시간 만에 바람이 빠져 형체를 알아볼 수 없게 되자 많은 사람들이 바람 빠진 러버덕 사진을 올리며 안타까움을 표했다. 이때 레드불은 에너지 드링크 사진과 러버덕의 사진으로 '힘을 내요 러버덕'이라는 트윗을 올려 자연스럽게 레드불이 에너지 음료임을 표현했다. 삼립 호빵은 호빵 두개로 러버덕의 모양을 만들어 곧 찬바람이 불어오는 호빵의 계절이 도래함을 자연스럽게 인식시켰다. 한국에 처음 방문한 러버덕에게 소주를 대접한 처음처럼의 게시물이 뒤늦게 관심을 받기도 했다.

이렇게 사회적 이슈와 트렌드에 민첩하게 대응하는 마케팅 방법들은 리얼타임 마케팅real-time marketing, 애자일 마케팅agile marketing, 반응 마케팅responsive marketing이란 다양한 이름으로 여러 대행사를 통해 시도되고 있다. 존 St.John St.라는 캐나다의 광고 대행사는 '리액티버타이징Reactvertising'이라는 신조어를 만들어 사회적 이슈를 이용한 마케팅의 어려움을 영상으로 만들어내기도 했다.

이러한 마케팅은 언제 어디서나 즉각적인 반응을 이끌어낼 수 있는 모바일의 확산으로 태어난 트렌드다. 이제 기업은 실시간으로 고객의 반응을 살피고 민첩하게 대응해야 한다. 간밤에는 어떤 사고가 있었고, 전날 드라마와 예능 프로에서는 어떤 연예인이 어떤 발언을 했는지, 8시 뉴스에서는 어떤 사고와 사건이 사람들의 이목을 이끌었는지, 어떤 유명인이 이슈의 중심에 있었는지와 같은 것들을 파악해야 한다. 파악된 이슈와 제품의 연결고리가 있다면 빠르게 결정하고 실행해야 한다. 초 단위 이슈에 대응하지 못하면 기업의 제품과 브랜드는 고객의 이야기에 끼어들 수 없고 그만큼 기회를 잃게 된다.

온라인/오프라인, 경계는 없다

해외여행을 하면서 난감한 상황이 언제였던가를 돌아보면 빠지지 않는 것이 식당에서의 경험이다. 현지어로 되어 있는 메뉴를 만났을 때의 난감함은 물론 영어로 적혀 있다 해도 낯선 메뉴가 어떤 음식인지 상상하는 일은 쉽지 않다. 외국 관광객이 많이 찾는 주요 도시의 식당이라면 메뉴판에 음식 사진이 친절하게 첨부되어 있지만 그렇지 않은 식당들도 많다.

뉴욕에 새롭게 식당을 런칭한 코모도Comodo 레스토랑은 인스타그램 메뉴라는 아이디어를 통해 비용 한 푼 들이지 않고 기대 이상의 마케팅 효과를 봤다. 인스타그램은 국내에서도 '먹스타그램'이라 불릴 정도로 많은 사람들이 음식 사진을 찍어 올리는 소셜 미디어가 되었다. 인스타그램은 전 세계 4억 명 이상이 사용 중이다. 국내에서도 2015년 말 기준 월간 방문자 수가 460만 명에 이를 정도다. 코모도 레스토랑은 먹는 사진을 찍어 인스타그램에 올린다는 사실을 좀 더 영리한 방법으로 이용했다. 어떤 식당도 자신들의 음식을 소비자가 자발적으로 촬영해 공유해주는 것을 마다하지 않을 것이다. 하지만 대놓고 음식 사진을 찍어서 공유해달라고 한들 자발적으로 움직여주는 소비자는 없다. 코모도 레스토랑은 고객이 사진을 찍어서 직접 메뉴판을 만들 수 있게 했다. 음식이 나오면 음식 사진을 촬영해서 해시태그 #Comodomenu를 함께 올려 맛있는 사진 메뉴를 만들어주기를 부탁했다. 음식점을 방문한 고객들은 자신들의 참여를 통해 식당의 메뉴를 만드는 것에 재미를 느끼고 나중에 오는 다른 손님들이 자신의 계정에 찾아와 음식에 대한 정보를 볼 수 있다는 것에서도 작은 보람을 느낄 수 있도록 했다. 코모도 레스토랑은 처음 식당을 방문하는 고객들에게는 메뉴판에 사진을 일일이 첨부해 보여주지 않고도 인스타그램 해시태그로 수많은 음식 메뉴를 보여줄 수 있었다. 1달러의 마케팅 예산도 집행하지 않고 이 캠페인은 SNS를 시작으로 미국의 여러 언론을 장식하며 큰 마케팅 효과를 얻게 됐다.

2부에서 살펴본 것처럼 SNS가 갖는 중요한 본질적 특징 중 하나는 사진으로 표현하는 자기 과시, 정보의 공유들이다. 맛있는 음식

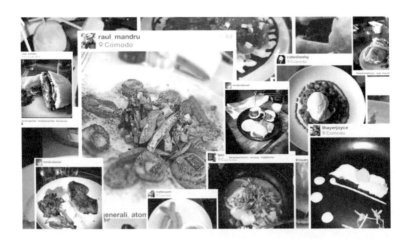

대놓고 음식 사진을 찍어서 공유해달라고 한들 자발적으로 움직여주는 소비자는 없다. 뉴욕의 코모도 레스토랑은 고객이 직접 찍은 사진으로 인스타그램에서 메뉴판을 만든다. 1달러의 마케팅 예산도 집행하지 않고 이 캠페인은 SNS를 시작으로 미국의 여러 언론을 장식하며 큰 마케팅 효과를 얻게 됐다.

과 함께 행복한 시간을 보낸 자신의 일상을 자랑하거나 또는 친구들과 공유하고픈 정보들 역시 사진을 통해 전달한다. 그만큼 사진을 찍어서 소셜 미디어에 올리는 일은 이제 일상이 되어버렸다. 기업들도 이런 이유 때문에 어떻게든 소비자의 스마트폰에 찍히고 싶어 한다. 하지만 자발적으로 사진을 찍고 공유를 유도하기 위해서는 좀 더 현명하게 접근할 필요가 있다.

자연스럽게 제품 사진을 찍어 올리도록 현명하게 접근했던 또 다른 사례는 패션 브랜드 디젤이다. 지금처럼 페이스북이 엄청난 인기를 끌기 전이라 이른 감은 있었지만 디젤은 스페인의 매장에 디젤 캠을 실치했다. 디젤 캠은 고객이 옷을 입은 상태에서 촬영을 하고 자신의 페이스북 계정으로 사진을 업로드할 수 있도록 설계되었다. 고객들은 매장에서 옷을 입어보고 페이스북 친구들에게 의견을 물어보거나 새로 산 옷을 자랑하는 용도로 디젤 캠을 이용했다. 이 캠페인을 통해 1만 5000개 정도의 사진이 업로드되며 신선한 페이스북 마케팅으로 회자되었다.

두 가지 사례는 자발적으로 사진을 찍어 올리게 하는 환경을 어떻게 만들 수 있느냐는 물음에 답을 준다. 아무리 고객이 자신들의 제품을 자발적으로 찍어주길 바란다 해도 고객이 아무 이유 없이 사진을 찍고 공유할 리 없다. 어떻게든 사진을 찍어야 하는 이유를 만들어주어야 한다. 앞의 사례처럼 사진을 찍을 수 있는 목적과 상황을 만들어주거나 또는 찍지 않고는 못 배길 비주얼적인 무언가를 주어야 한다. 한국야쿠르트가 2015년 여름을 맞아 야쿠르트 패키지를 썸머 룩으로 바꾸자 사람들은 섹시한 야쿠르트가 나타났다며 사진을 찍어 공유했다. 맛을 바꾸지 않고 패키지를 바꾸는 것만으로도 사람들의 관심을 끌 수 있었던 것이다.

만약 식당에서 음식 사진을 찍히게 하고 싶다면 식탁마다 SNS 전용 조명을 만들어 설치하는 방법도 있다. 아직 클라이언트를 찾지 못했지만 내가 몸담고 있는 회사에서 내놓은 아이디어 중 SNS Light라는 것이 있다. 화려한 비주얼을 자랑하는 빙수나 디저트 음식을 파는 카페 또는 레스토랑의 식탁에 설치할 수 있는 스마트폰 사진 촬영 전용 조명이다. 이 조명은 인스타그램이나 페이스북에 올리는 사진의 퀄리티를 높여주는 조명 장치다. SNS Light라는 이름의 조명이 식탁에 설치되어 있는 것만으로도 사람들은 관심을 갖고 사진을 찍어 공유할 것이다.

소셜 네트워크 시대는 온라인과 오프라인의 경계가 없다. 소비자는 항상 지니고 다니는 스마트폰 때문에 오프라인에서도 늘 '온라인'되어 있다. 따라서 마케팅도 온라인과 오프라인의 경계를 허물고 사고해야 한다. 온라인 기술이 오프라인에서 사용될 수도 있고 디지털 마케팅이 아날로그와 결합할 수도 있다. 앞서가는 기업들은 이런 시대를 간파하고 온오프라인의 경계를 허물어 새로운 시대의 새로운 마케팅을 위해 고민하고 있다.

미국 시리얼 업체 켈로그는 호주와 뉴질랜드에서 판매하는 모든 시리얼 제품에 건강 별점 시스템을 도입했다. 이 별점 시스템은 시리얼 제품의 패키지 앞부분에 나트륨, 설탕, 포화지방 함량 등의 성분을 기반으로 0.5점에서 5점까지 별점을 표기했다. 이를 통해 소비자 스스로 더 건강한 제품을 선택할 수 있도록 돕는다. 이 건강 별점은 켈로그 자체에서 결정하는 것이 아니라 소비자들이 참여한 외부 기관을 통해 객관적으로 산출된 정보로 만들어진다. 75%가 넘는 제품이 4~5개의 별점을 받고 있긴 하지만 가장 낮은 점수인 1.5개의 별점을 포함해 8종의 제품이 2점 이하의 별점을 단 채 판매되고 있다. 소비자들은 건강 정보를 통해 어떤 시리얼이 얼마나 몸에 좋고 나쁜지를 알 수 있다. 이러한 마케팅 방법은 온라인 평가 시스템에 익숙한 소비자들에게 친숙함을 제공한다. 켈로그는 건강에 좋거나 좋지 않은 제품을 알려주는 솔직함을 통해 전체 제품에 대한 신뢰를 얻는다.

좋은 상품이 좋은 평가를 받는 건 당연하지만 좋은 상품을 만들어놓는다고 해서 고객이 알아서 찾아주리란 보장은 없다. 켈로그는 고객들의 구매 후 평가에 앞서 더 솔직하게 제품을 평가하고 그에 대한 결과를 가감 없이 제공함으로써 소비자의 올바른 소비 유도와 제품의 자신감을 어필한다. 건강에 안 좋은 일부 제품이 안 팔릴 수 있지만 반대로 평가 등급이 높은 제품에 대해서는 의심 없이 더 많은 선택을 유도할 수 있다.

오프라인 유통 업체들도 온라인 구매로 감소되는 매출을 막기 위해 안간힘을 쏟고 있다. 최근에는 O2O라 불리는 온오프라인 연계 마케팅을 통해 그 해결책을 모색하고 있기도 하다. 백화점이나 다양한 브랜드의 오프라인 매장에서는 온라인처럼 구매 후기나 가격 비교 등 구매 결정에 도움이 되는 정보를 얻을 수 없다. 소비자는 오프라인을 통해 구매를 꺼리거나 실물은 오프라인에서 확인하고 구매는 온라인에서 하기도 한다.

미국의 대표적인 백화점 노드스트롬은 자사의 핀터레스트 채널에서 'Top Pinned'된 제품을 실제 오프라인 매장에도 적용했다. 핀터레스트는 페이스북, 인스타그램, 트위터 등과 어깨를 나란히 하는 소셜 미디어다. 핀터레스트의 가입자는 2011년 480만 명에서 2015년 8000만 명을 넘을 만큼 성장했다. 핀터레스트는 물건을 고정하는 'Pin'과 관심사를 뜻하는 'Interest'의 합성어로 사용자들은 모바일 웹을 돌아다니며 관심 있는 이미지를 핀pin하는 것만으로

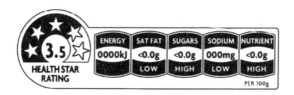

켈로그의 건강 별점 시스템. 켈로그는 고객들의 구매 후 평가에 앞서 더 솔직하게 제품을 평가하고 그에 대한 결과를 가감 없이 제공함으로써 소비자들의 올바른 소비 유도와 제품의 자신감을 어필한다. 건강에 안좋은 일부 제품이 안팔릴 수 있지만 반대로 평가 등급이 높은 제품에 대해서는 의심 없이 더 많은 선택을 유도할 수 있다.

자신의 계정을 다양한 이미지들로 꾸미게 된다. 사용자의 80%는 20~30대 여성이다. 그들은 갖고 싶어 하는 다양한 물건들을 피닝하는 것으로 구매 욕망을 대신하고 있다. 이 때문에 어떠한 상품이 가장 많은 유저들에게 피닝되었냐는 그 제품의 인기도를 측정하는 기준이 된다. 노드스트롬은 이러한 핀터레스트의 고유 기능을 활용했다. 백화점을 방문한 고객들은 어떤 제품이 고객의 마음을 사로잡았는지 알 수 있어 구매에 도움을 받을 수 있다.

노드스트롬은 고객 중심의 콘텐츠 전략을 통해 자신들의 홈페이지에서 어떤 상품이 가장 활발한 반응을 얻고 있는지 매주 분석한다. 그 핀을 핀터레스트의 최다 핀 보드에 추가하고 콘텐츠를 팔로어에게 보낸다. 이런 데이터는 인기 있는 상품의 매장 진열 위치를 결정하는 데 활용된다. 노드스트롬은 반응이 좋은 상품들에 핀터레스트의 로고와 함께 품질 표시 등을 부착했고 긍정적 반응에 따라 미국의 117개 전 매장에 확대했다. 노드스트롬은 소셜 미디어를 오프라인에 스마트하게 연결시켰다.

노드스트롬의 시도는 소셜 네트워크 시대를 이해하고 이를 이용해 소비자의 구매에 영향을 줄 수 있는 마케팅 사례다. 이 작은 사례는 소셜 네트워크 시대를 살아가는 마케터들에게 하나의 이정표를 제시한다. 마트에 가면 수많은 종류의 물건이 진열되어 있다.

하지만 어떤 상품이 어떤 소비자들에게 많이 팔리고 인기 있는지 알 수 없다. 오프라인의 단점은 구매 결정에 도움이 되는 정보를 얻을 수 없다는 것이다. 노드스트롬의 사례를 응용하면 오프라인 매대와 마트의 온라인 몰을 연동해 각 상품의 판매량이나 만족도를 디스플레이하는 것도 가능하다. 이를 통해 소비자들은 오프라인에서도 구매 결정 시 도움을 받을 수 있다.

소셜 네트워크 시대지만 그 시대를 통찰한 진짜 SNS 마케팅은 드물다. 소셜 미디어와 모바일로 완벽하게 연결되어 있는 소셜 네트워크 시대의 마케팅을 단순히 기업 계정을 운영하는 것으로 이해해서는 안 된다. 소셜 네트워크 시대의 고객들이 어떻게 변하고 있고, 그러한 변화를 어떻게 규정하며 마케팅에 적용해야 하는지를 고민해야 한다. 소셜 미디어와 모바일 서비스들은 어떻게 진화되며 소비자들은 그러한 서비스들을 어떻게 이용하는지, 그 기저에 깔려 있는 심리는 무엇인지를 통찰하는 것이 진정한 SNS 마케팅의 시작이다.

고객이
최고의
스토리텔러다

21세기의 가장 영향력 있는 비즈니스 전략가 세스 고딘은 "우리가 이걸 만들었는데, 어떻게 사람들의 관심을 끌까? 하고 말하는 대신, 시장이 관심 있는 어떤 걸 접시 위에 올릴지 알아내야 한다."라고 이야기했다.(⟨Seth Godin on What Marketers Are Getting Wrong⟩, 《Inc.》, 2014년 3월 20일.) 소셜 네트워크 시대의 마케팅은 제품 개발 과정과 밀접하게 연관되어 있다. 제품을 기획하는 단계에서도 구매 고객들이 SNS를 통해 왜, 어떻게 자발적 공유를 할지 상상해야 한다. 자발적으로 이야기하게 만들 특별함이 있어야 한다.

직장인의 가장 큰 고민 중 하나인 점심 메뉴 결정. "뭐 먹을까?"에 돌아오는 대답은 "아무거나 먹자."가 가장 높은 비율을 차지한다. 실제 적지 않은 식당들이 '아무거나'를 실제로 메뉴화하여 팔기도 한다. 만약 '아무거나'라는 이름으로 제품을 만들어서 판다면 어떤 일이 일어날까? SNS가 유행하기 한참 전인 2007년 싱가포르에서는 이 '아무거나'라는 이름을 가진 여섯 가지 맛의 탄산음료와 일곱 가지 맛의 아이스티를 출시했다. 정확한 이름은 'Anything'과 'Whatever'다. 이 음료는 뚜껑에 'Anything'과 'Whatever'만 적혀 있을 뿐 어떤 맛의 음료인지 알 길이 없다. 맛에 대한 정보가 없으니 먹기 전에는 음료의 맛을 알 수도 없다. 정보의 전파, 공유 속도가 엄청나게 빨라진 요즘 시점이 아님에도 불구하고 이 음료수는 출시한 지 보름 만에 350만 개를 팔며 엄청난 성공을 거뒀다. 원하는 음료를 마실 수 없는데도 왜 사람들은 이 음료에 열광했을까? 어떤 맛이 나올까에 대한 기대감, 높지 않은 가격에 갈증을 채우는데 어떤 맛도 괜찮다는 심리 등 여러 가지 복합적인 요소들이 섞여 있을 것이다. 하지만 확실한 것 하나는 이 제품에 소비자가 스스로 이야기를 만들어낼 특별함이 있었기 때문이다. 만약 국내의 롯데칠성과 같은 음료 회사에서 '아무거나'라는 브랜드를 달고 음료수가 나온다면 맛의 유무를 차치하고 소셜 미디어를 통해 공유될 가능성이 매우 높다. 지금까지 보지 못했던 낯섦, 한 번쯤은 선택의 부담감에서 벗어나 아무거나 먹으면 좋겠다는 공감, '내가 찾은 맛은 무엇이었다', '도대체 몇 가지 맛이 있는지 확인해보겠다'라는 이야기들이 자발적으로 소셜 미디어를 통해 공유될 것이다.

지금까지 기업은 제품을 기획할 때 '소비자의 니즈'나 '기술 개발' 등을 기준으로 삼아왔다. 하지만 이제 출시 후 '구매 전과 구매 시점, 구매 후 등의 상황에서 어떤 포인트들을 자발적으로 공유할 것인가?'에 대해서도 면밀히 검토하고 기획 단계에서 반영해야 한다.

안경을 쓰는 사람들은 '플라스틱 쪼가리가 왜 이렇게 비쌀까?'라는 궁금증을 한 번 쯤은 가져봤을 것이다. 실제 구입하는 안경테의 원가는 판매가의 10%밖에 되지 않는다는 글들이 심심치 않게 올라오기도 한다. 2015년 《패스트 컴퍼니》는 미국에서 가장 혁신적인 기업으로 온라인 안경 판매 업체 와비파커를 선정했다. 테크놀로지의 혁신 기업도 아닌 안경 판매 업체가 왜 최고의 혁신 기업이 되었을까? 와튼 스쿨 출신의 창업자들은 '재료값이 비싸지 않고 제작 공정도 복잡하지 않은 안경이 왜 비싸게 팔릴까?'라는 의문을 시작으로 와비파커를 만들었다. 와비파커는 기존의 유통 과정을 혁신했다. 안경을 구입하려는 소비자는 와비파커 홈페이지에서 원하는 안경을 최대 5종류까지 고른다. 안경이 배송되면 소비자들은 안경을 착용하고 비교해본 후 다시 반송한다. 며칠간 소비자는 어떤 안경이 가장 잘 어울리는지 충분히 비교하고 생각할 여유를 가질 수 있다. 이 단계에서 와비파커는 안경을 써본 후 SNS를 통해 지인의 의견을 들어보라고 권한다. 원하는 안경이 있을 경우 안경을 고르고 시력, 안경과 눈 사이의 거리를 입력하면 2주 뒤 고객은 맞춤 제작 안경을 받을 수 있다. 안경을 받고 반송하는 모든 배송 비용은 와비파커가 부담한다. 이렇게 구입한 가격은 일반 매장에서 구입하는 비용의 25~50%가량 싸다. 소비자는 열광했고 2014년 100만 개 이상의 안경을 판매했다. 아무도 하지 않았던 온라인 유통 방법으로 싸고 편하게 안경을 구입할 수 있자 구매 후기가 공유되는 것은 자연스러운 일이었다. 와비파커는 사실 유통 혁신에 더해 안경 착용 후기를 소셜 미디어에 공유하도록 독려하거나 가상으로 안경을 착용해볼 수 있는 가상 거울 서비스를 네트워크에 공유하도록 유도했다. 사람들은 어떤 안경이 어울리는지 친구들에게 물어보며 자연스럽게 와비파커를 공유했다. 뿐만 아니라 와비파커는 고객이 안경 하나를 구입했을 때 저개발 국가에서 안경을 필요로 하는 사람에게 안경 하나를 기부하게 한다. 기존에 500달러에 사야 했던 안경을 100달러 이하에 구입하고도 기부까지 가능한 브랜드 스토리 역시 자발적으로 공유할 수 있는 좋은 특별함이다.

이처럼 소셜 미디어의 생활화는 다양한 사람들의 다양한 생각과 다양한 의견들을 표출할 수 있는 기회를 주었다. 때로는 함께 좋아하는 공감을 표현하기도 하고 반대 의견을 드러내기도 한다. 누구나 같은 시각을 가질 수는 없으며 또 강요할 수도 없다. 소셜 네트워크 시대에 '다름'은 일상임과 동시에 존중받아야 한다. 문제는 이런 환경이 기업의 마케팅에 또 하나의 과제를 준다는 데 있다.

　기업이 광고 영상을 만들거나 마케팅 프로그램을 실행하면서 전혀 생각지도 못한 이슈들이 발생하는 것이 오늘날의 현상이다. 누구나 쉽게 의견을 이야기하고 그 이야기가 공감 가는 이야기라면 공유를 통해 확산되고 쉽게 이슈화되기 때문이다. 한 방송에서 자국 국기를 들고 나온 것이 이슈가 되었던 걸그룹 트와이스의 쯔위 논란 역시 시작은 중국의 대표적 소셜 미디어 웨이보였다. 그런데 정작 아무 잘못도 하지 않고 피해를 본 곳은 쯔위를 모델로 썼던 기업이었다. 이런 논란이 일어날 것이라고 예상할 수 있는 사람은 거의 없었을 것이다. 하지만 의외로 소셜 네트워크 시대의 논란 확산 속도를 고려하지 않고 마케팅 활동을 하는 기업들이 적지 않다. 소셜 네트워크 시대에 다양한 의견들이 쏟아져 나올 수 있다는 것을 예상하고 사전에 논란을 일으킬 1%의 가능성마저도 차단하려는 주의 깊은 노력이 필요하다. 설현을 밧줄로 묶은 한 통신사의 광고 포스터 역시 예상치 못한 '성 상품화' 논란에 휩싸인 적이 있다. 광고엔 '로밍 사용 시 해외에서 데이터 걱정을 꽁꽁 묶으세요.'

라는 의미가 담겨 있다. 얼핏 보면 걸리버 여행기를 패러디한 것으로 보인다. 하지만 제작하는 입장에서 전달하고 싶은 메시지와 받아들이는 입장에 있는 소비자 간에 간극이 발생할 수 있다는 점을 깊이 있게 살피지 못한 것으로 보인다. 한 인론사가 소비자 반응을 조사한 결과 남성의 절반은 "너무 예뻐서 (포스터를) 떼어가고 싶었다"고 답했지만 여성의 절반 가까이는 "선정적이고, 성을 상품화한 느낌이 들어 기분이 나빴다"고 답했다.

논란이 일어날 수 있는 마케팅 소재들은 앞의 쯔위 논란처럼 예상이 힘든 것도 있지만 조금 주의를 기울이면 몇 가지 사례들이 존재한다. 그중 대표적인 것이 여성 차별이나 선정성, 성 상품화에 대한 문제다. 밧줄에 묶인 설현이 성 상품화에 대한 이야기라면 설현을 모델로 내세워 에센스 하나도 꼼꼼하게 고르면서 왜 선거에는 관심이 없냐는 메시지를 담았던 중앙선거관리위원회의 광고는 여성 비하 광고로 논란이 된 사례다. 한 소주 업체는 '술과 여자 친구의 공통점. 오랜 시간 함께할수록 지갑이 빈다'는 광고 문구를 넣기도 했고 피임의 중요성을 알리겠다며 '다 맡기더라도 피임까지 맡기진 마세요. 피임은 셀프입니다'라는 카피가 담긴 포스터를 배포해 논란이 확산되기도 했다. 여혐, 이른바 여성혐오라는 것이 대두되면서 '메갈리아'라는 여혐에 대항하는 온라인 커뮤니티가 생겨나는 분위기에서 여성 관련 소재를 광고로 다루는 것에는 더 깊이 있는 고민이 필요하다.

논란이 커질 수 있는 소재로 선정적 광고도 빼놓을 수 없다. 오래전이지만 1980년대의 대표적인 선정적 광고로 회자되는 대우 봉 세탁기의 광고 카피는 '커지고 세지고 대우 봉 세탁기, 구석구석 빨아줘요'였다. 이런 카피가 공중파를 타고 많은 사람에게 전파되었다. 지금이라면 상상도 할 수 없는 일이다. 하지만 오늘날에도 여전히 선정성 광고는 만들어지고 논란을 일으키며 '재미'나 '공감'을 주려다 오히려 나쁜 결과로 돌아온다.

공중파 광고는 심의 과정을 거치고 있지만 최근 봇물 쏟아지듯 나오는 유튜브 전용 광고들은 별도의 여과 장치가 없고 광고를 기획하는 사람들도 이 점을 이용하면서 논란이 되는 제작물들이 나올 수 있는 여지가 늘어나고 있다. 기업 계정에 올리는 게시물 하나 역시 광고로 간주되기 때문에 게시물 하나에도 논란을 일으킬 수 있는 여지를 차단해야 한다.

여성 차별이나 선정성, 성 상품화뿐만 아니라 장애인에 대한 차별, 성 소수자, 아동 인권, 인종 차별, 비속어 사용, 삶과 죽음, 폭력성, 과장성 등 대다수가 동의하더라도 몇몇 소수가 느낄 수 있는 불쾌함과 불편함을 고려해야 한다. 일부가 느끼는 불편함도 다수가 인정하는 수준이 될 경우 소셜 미디어를 통해 공유, 확산되고 논란이 될 수 있기 때문이다. 적지 않은 비용과 수고를 통해 만들어진 마케팅 프로그램이 한순간에 폐기 처리되고 소비자에게 외면 당하지 않으려면 다양한 견해가 공유되는 소셜 미디어의 특징을 명심해야 한다. 1%의 논란 가능성을 무시하지 말아야 한다.

SNS
스타 계정의
비밀

많은 기업이 SNS 운영에 돈과 시간을 들인다. 페이스북과 인스타그램의 사용자 수가 늘어날수록 어떻게든 소비자와 관계를 맺고 상품을 알리고 물건을 파는 데 소셜 미디어를 이용하고 싶어 한다. 하지만 소셜 미디어를 이용해 마케팅을 하고 있는 담당자들은 그것이 절대 쉬운 일이 아니라는 것을 잘 알고 있다. 소셜 미디어 기업 채널을 운영한다고 단기간에 마케팅 성과를 얻을 수는 없다. 하지만 그 속에서도 소셜 미디어의 스타 운영자들은 존재한다. 그들이 스타가 된 이유는 무엇일까? 다음 사례들에서 그 힌트를 얻을 수 있을 것이다.

열악한 환경 속에서도 일부 기업이나 공공기관의 페이스북 운영자들은 이른바 스타 페북 운영자로 이름을 날리고 있다. 국내에는 속된 말로 '약 빤' 운영자들이 운영하는 소셜 미디어들이 존재한다. 약 빤 운영자들의 글은 캡처와 리트윗 등을 통해 무한히 공유, 전파되며 유명세를 타고 있다.

소셜 미디어계의 스타로 가장 눈길을 끄는 곳은 한 달에 수천만 원씩 SNS 운영에 돈을 쏟아 붓고 있는 대기업이 아니다. 주인공은 부산 경찰청이다. 부산 경찰청은 2016년 상반기 기준으로 30만 명 넘는 팬을 보유하고 있다. 하지만 단순히 팬 수가 페이스북 스타를 인증해줄 수는 없다. 현재는 페이스북이 팬 수 확보를 목적으로 하는 이벤트를 제한하고 있지만 과거 많은 기업들은 팬 수를 늘리기 위해 돈을 쏟아 부었다. 때문에 페이스북의 팬 수가 많다는 것이 고객과 소통하고 있다는 것을 증명해주는 기준은 아니다. 페이스북이 얼마나 고객과 소통을 잘하고 있는지 알려주는 중요한 척도 중 하나는 '그것에 대해 이야기하고 있는 사람' 수다. 30만 명의 팬을 확보하고 있는 부산 경찰청에 대해 이야기하고 있는 사람 수는 2016년 3월 무려 4만 명을 넘어섰다. 국내에서 마케팅 예산 5위 안에 있는 기업과 비교해보면 이 수치가 얼마나 높은 것인지 알 수 있다.

CJ ONE : 팬수 125만 명. 이야기하고 있는 사람 1500명

삼성전자 : 팬수 73만 명. 이야기하고 있는 사람 5만 6000명

SK텔레콤 : 팬수 136만 명. 이야기하고 있는 사람 1만 2300명

현대자동차 : 팬수 24만 명. 이야기하고 있는 사람 9000명

부산 경찰청이 페이스북 스타로 인정받으며 SNS 마케팅의 모범이라 평가받는 이유는 운영자의 센스와 담당자를 전폭적으로 믿고 맡기는 조직의 리더십에 있다. 부산 경찰청 페이스북은 외부 대행사를 쓰지 않는다. 대부분의 기업이 소셜 미디어 운영에 대행사를 이용하는 것과는 차이를 보인다. 부산 경찰청 SNS 운영 담당자는 홍보 담당관실의 장재이 경장이다. 장재이 경장은 소셜 미디어계의 대모로 불린다. 그녀가 기획하는 캠페인이나 SNS에 올리는 글들은 전문 대행사들도 인정하는 수준이다. 이런 공로로 2년 연속 특별 승진을 하기도 했다. 당연히 경찰이 직접 페이스북을 운영하기 때문에 경찰의 입장에서 좀 더 생생한 이야기와 전문적 견해들을 들려줄 수 있는 것이 강점이다.

부산 경찰청 페이스북이 세간의 관심을 끌기 시작한 것은 여경이 부른 귀요미송이었다. 그 후로도 이른바 신들린 드립, 약 빤 드립이라 불리는 글들이 빠르게 입소문을 탔고 팬들이 생겨났다. 어

쩌면 너무 뻔하고 교조적일 수밖에 없는 경찰 소식을 훌륭한 센스로 맛깔나게 전달한다. 예를 들면 이렇다.

스마트폰 문자 피싱 경고는, 피싱 문자를 보낸 범죄자에게 '검거되면 사식으로 피자를 넣어주겠다'는 답장으로 대신한다. 무료 야동을 볼 수 있다는 내용을 버젓이 뉴스피드에 올려 호기심을 자극한 후 "이 멘트에 가입했다가 매월 휴대폰으로 9900원씩 털린 피해자만 38800명! 검거했습니다. 여러분도 휴대폰 요금 내역 확인한번 해보세요."라며 경찰의 활약상과 시민들의 주의 사항까지 세심하게 챙긴다. 신호 위반 차량에게 딱지를 떼려고 접근했는데 잡고 보니 마약 사범이었다는 소식은 "감자 캐다 산삼 건짐"이라고 위트 있게 홍보한다. 소주, 맥주를 실은 트럭의 전복 사고를 마무리한 경찰의 활약상 역시 "소주ㅈ맥ㅁ주 110박스 총 3,300병이 엎ㅍ어졌었껄ㄹ랑ㅇ여딸꾹.교ㅌ통경찰이 총ㅊ출동해서 1시간ㄱ만에다 치움. 딸꾹."이라는 음주 게시물로 재밌게 승화시킨다.

범죄 예방 홍보뿐 아니라 페이스북 공개 수배로 범인을 검거하기도 한다. 2014년 12월 홀어머니를 모시며 신문 배달원으로 일하던 30대 남성이 뺑소니로 목숨을 잃었다. CCTV 등의 증거가 없자 페이스북을 통해 공개 수배했고 게시글은 조회수 300만이 넘으며 3일 만에 용의자들이 자수하거나 검거되었다.

정지선 지키기 교통 캠페인에는 포돌이 포순이가 등장한다. 엉덩이로 정지선을 넘어온 택시를 밀어내는 영상은 테마파크 영상을 보는 것 같다. 교과서적인 계도 캠페인보다 재미를 유발해 정지선 지키기에 대한 관심을 끌어낸다. 이 게시글에는 22만 명이 넘는 '좋아요'가 달렸다. 이런 활약으로 부산 경찰청은 2015년 연말 한국인터넷소통협회가 주관하는 '제8회 대한민국 소셜 미디어 대상', 한국소셜콘텐츠진흥협회가 주최하는 '제5회 대한민국 SNS 대상 수상'은 물론 장재이 경사는 공무원으로는 처음으로 서울 AP클럽 올해의 홍보인 상을 수상하기도 했다.

거듭 말하지만 SNS 마케팅을 페이스북, 트위터, 인스타그램, 카카오스토리 계정 운영이라고 인식해서는 안 된다. 중요한 것은 소셜 미디어가 소비자들과 소통하는 통로임과 동시에 고객의 삶을 많은 부분 바꾸어놓았다는 데 있다. 그 삶 속에는 당연히 소비 행태의 변화까지 포함되어 있다. 정부 기관을 비롯해 많은 기업들이 소셜 미디어의 중요성을 인식하고 있다. 너도 나도 소셜 미디어를 운영한다. 그러나 중요성을 규정하는 개념들은 저마다 다르다. 국내 대부분의 기업들은 소셜 미디어를 마케팅 채널이나 고객 소통의 통로로만 여긴다. 해외에서 심심치 않게 들려오는 SNS 마케팅 성공 케이스들을 국내에서 찾기는 쉽지 않다. 국내 기업들이 실행하고 있는 SNS 마케팅의 대부분은 소셜 미디어를 통해 제품이나 서비스를 소개하며 경품을 제공하거나 바이럴 영상을 올리는 일들이다. 단순히 소비자에게 기업의 정보를 전달하는 수단으로만 인식하게 되면 그런 용도로만 소셜 미디어를 사용할 수밖에 없다. 한국 민속촌은 소셜 미디어를 단순한 마케팅 도구가 아닌 마케팅의 목적이자 중심으로 인식하는 캠페인으로 주목받았다.

한국 민속촌은 초등학생의 소풍 장소나 외국 관광객들의 관광 코스, 사극 드라마의 배경으로 인식되어 왔다. 당연히 에버랜드나 롯데월드에 비해 인기를 끌지 못했다. 그러나 2012년 트위터를 이용해 처음으로 SNS 마케팅을 시작한 후, 10년 동안 지속적으로 감소하던 한국 민속촌의 관람객 수가 증가세로 돌아섰다.

한국 민속촌의 관람객 이용 만족도 조사에서 2012년 63%였던 20~40대 관람객은 2014년 85%까지 증가했다. 재방문율도 2012년 25%에서 2015년 52%로 2배 이상 증가했다. 업계 전반이 침체되었던 2014년에도 유일하게 14.9% 관람객이 늘어난 성과를 보이기도 했다.

이런 성과를 주도한 것은 2012년 신설된 마케팅 팀이었다. 그동안 한국 민속촌에서 기획하고 성과를 내왔던 여러 마케팅 캠페인으로 민속촌은 구경하는 곳에서 체험하는 곳으로 고리타분한 올드함에서 신선한 젊음의 이미지로 탈바꿈했다. 이런 성과는 소셜 네트워크로 이어진 소비자 환경에 대한 한국 민속촌의 명확한 이해가 바탕이 되었기 때문이다. 한국 민속촌 마케팅 팀은 소셜 네트워크 사회에서 어떤 이벤트, 프로모션이 소비자의 시선을 끌 수 있는지, 그리고 어떤 방식으로 소셜 미디어에서 회자되고 언론에 이슈화될지 간파하고 있다.

한국 민속촌의 SNS 마케팅이 지금 같은 관심을 받기까지는 시간이 필요했다. 관심이 시작된 출발점은 트위터 운영자의 독특한 어체를 이용한 트윗이었다. 기존의 트위터 운영자들이 한결같이 공지사항을 전달하듯 딱딱한 어체를 사용할 때 민속촌은 "기체후일향만강하셨사옵니까. 아침 문안인사 드리겠나이다."라는 그들의 정체성에 맞으면서 기존과는 차별화된 사극 어투를 사용했다. 자신들의 트위터 계정에 '캐릭터'를 부여한 것이다. '속촌 아씨'라 불리는 캐릭터가 생기자 전에는 없었던 새로운 팬덤화가 진행되었다. 그 시작점이 된 사건은 2012년 7월에 있었던 '대검찰청 계정 스캔들'이었다. 일부 트위터 이용자들이 한국 민속촌 계정에 '수청을 들라'는 멘션을 보낸 것에 대검찰청 트위터 계정이 "한국 민속촌에 수청을 들라는 멘션을 보내는 것은 아동, 청소년 성 보호에 관한

법률 제7조 등을 위반하는 범죄 행위"라는 트윗을 올렸다. 이에 한국 민속촌은 "송구하옵니다. 나으리"라는 트윗을 올렸다. 두 계정 사이에서 일어난 장난 같은 에피소드는 일부 팬들이 가세하며 '한복이 너무해'라는 팬 아트를 시작으로 웹툰, 라디오 드라마, 영화 기획 등으로 확대되었다. 이러한 해프닝은 여러 매체에 기사화되었고 결과적으로 한국 민속촌을 대중에게 알리는 계기가 되었다.

그 후 '속촌 아씨'로 불리며 독특한 사극 어체로 드립력을 자랑하는 한국 민속촌은 소셜 미디어계의 스타가 되었다. 뒤태를 자랑하던 그림 하나의 트위터 계정은 25만 명이 넘는 팬을 거느리게 되었다. 한국 민속촌은 '속촌 아씨'가 SNS의 스타로 떠오르자 더 적극적으로 마케팅에 활용했다. 기존에 진행하던 민속촌의 행사들은 팬들의 참여를 자양분 삼아 더욱 발전하거나 새롭게 기획되었고 소셜 네트워크 시대의 고객들을 열광하게 만들었다. 언론을 통해 대중적 인지도를 높인 것은 '꿀알바'로 불리는 민속촌의 아르바이트 캐릭터였다. 민속촌에서 옛 선조들의 캐릭터를 연기하는 아르바이트가 혜성처럼 등장한 것은 아니었다. 기존에도 민속촌에는 사또나 포졸, 거지와 같은 아르바이트가 존재했다. 하지만 트위터를 통해 '거지', '광년이', '구미호', '왕' 알바들의 일상이 공개 되자 호기심은 관심이, 관심은 대중적 이슈로 진화하며 언론 지면을 장식하기에 이르렀다.

한국 민속촌은 이러한 이슈거리를 놓치지 않았다. 민속촌 알바 모집 행사를 스타 알바 오디션 〈조선에서 온 그대〉로 업그레이드 했고 젊은이들의 폭발적 관심을 얻었다. 단순한 알바 모집을 고객 참여의 장은 물론 소셜 미디어 콘텐츠로 재생산했고 이는 한국 민속촌의 재발견에 훌륭한 밑거름이 되었다. 과거 한국 민속촌의 핵심 콘텐츠는 전시와 관람이었다. 그러나 민속촌 마케팅 팀은 소셜 미디어를 이용해 한국 민속촌에서 일어나는 모든 일상을 콘텐츠로 가공했다. 기념품 부채 하나도 '아씨의 치맛바람'이란 타이틀을 붙여 또 다른 관심의 대상으로 만들었다. 주간 업무 보고서에 적힌 '심장마비 대책반 구성안'은 효과적인 공포 체험 이벤트를 홍보하는 콘텐츠로 변신했다. 타 기업의 행사 협찬도 아씨를 위한 조공 문화로 탈바꿈시켜 SNS를 운영하는 기업들이 너도나도 속촌 아씨에게 조공을 바치고 싶어 안달하게 했다. 민속촌에서 기르는 개 이름 하나를 짓는 일도 공모전으로 탈바꿈돼 수천 명의 응모를 이끌어냈다. 수박 서리 체험장에 참가한 고객들의 에피소드는 '수박 인질극 영상'으로 만들어져 언론에 소개되기도 했다.

한국 민속촌은 '그게 정말 가능할까?' '그걸 정말 할까?'라는 의심과 궁금증을 현실화시켰다. 비가 왔다가 화창해진 변덕스런 민속촌의 날씨에 "날씨 이 색기가"라며 한마디를 날리면 팬들은 담당자가 강심장이라며 즐거워한다. 500명이 동시에 진행하는 얼음땡, F1 굼벵이 그랑프리, 벨 누르고 도망가기 등은 고객의 열광적 반응을 통해 업그레이드되거나 실세 행사로 만들어졌다. 기존 상식으로는 기업들이 실행하지 못할 것이라 여겼던 것들이 현실화되는 것만으로 입소문을 타며 화제가 됐다.

소셜 미디어의 특징 중 하나는 짧은 시간 안에 콘텐츠가 소비된다는 점이다. 엄청난 시간을 들여 준비한 콘텐츠도 시선을 끌지 못하면 0.5초 만에 시야에서 사라진다. 그래서 심사숙고보다는 순발력, 진중함보다는 가벼움이 오히려 더 시선을 장악하기에 적합하다. 한국 민속촌이 소셜 미디어를 효과적인 홍보 수단으로 활용할 수 있었던 것은 이러한 생리를 간파하고 모든 마케팅을 소셜 미디어의 특성에 맞게 발전시켜왔기 때문이다. 한국 민속촌의 마케팅은 완벽함을 추구하는 프로그램이라기보다 오히려 실험과 도전이었고 이런 낯설음에 소셜 미디어 유저들은 더 큰 반향을 일으켰다.

한국 민속촌의 트위터와 페이스북 콘텐츠들을 순차적으로 분석해보면 그들이 처음부터 SNS 마케팅의 본질을 100% 이해하고 접근한 것은 아니었다. 사극 말투와 속촌 아씨라는 캐릭터의 차별화된 접근이 이목을 집중시키고 소비자의 자발적 참여로 진화를 거듭하며 이슈를 만들어낸 것이다. 어떤 마케팅이 고객의 관심과 관여를 끌어들일 수 있는지를 이해하고 그에 맞는 마케팅 방식의 진화를 보여준다. 2014년과 2015년 불과 1년 사이지만 같은 행사를 놓고도 공유하는 방식이 달라지는 모습에서 SNS 마케팅의 진화를 볼 수 있다.

한국 민속촌은 소셜 미디어로 변화된 고객들과의 소통 방법을 찾아냈고 화법을 시작으로, 인터랙션, 프로모션, 영상 콘텐츠 등 마케팅 요소를 소셜 네트워크 시대에 맞게 차근차근 적용시켰다. 고루함의 대명사가 소셜 미디어 트렌드를 앞서가며 젊은 세대의 호응을 이끌어내는 모습은 역설적이지만 그렇기에 더더욱 SNS 마케팅의 중요성을 인식하게 된다. 한국 민속촌이 보여준 소셜 네트워크 시대에 최적화된 마케팅 전략을 다시 한 번 정리해보자.

1. 단순한 소셜 미디어 계정 '운영'이 아니라 기획에 활용
2. 개성 있는 콘텐츠를 소셜 미디어에 최적화시켜 재가공
3. 지속적인 모니터링으로 행사 내용 개선, 업그레이드
4. 고정 관념을 깨는 실험, 파격적 시도를 두려워하지 않음
5. 진심 같은 장난, 장난 같은 진심으로 열광의 포인트를 찾음
6. 고객 참여에 직접 화답함으로써 끈끈한 친밀감, 유대감 강화

PART 5

관점을
업데이트하라

마지막 5장에서 다루게 될 내용은
소셜 네트워크 시대와 한국의 기
업 문화다. 시대는 변하고 있는데
시대를 통찰하고 대응하지 못하면
당연히 문제가 발생한다. 내가 글

을 쓰기 위해 공부하고 생각이 정리되어가면서 느꼈던 것은 오래
전부터 지속되어온 한국의 기업 문화가 소셜 네트워크 시대의 마
케팅에는 상극이라는 것이었다. 기술은 물론 SNS 환경에 대응해가
는 중국의 약진을 보면서 솔직히 겁이 났다. 기술이 발전하고 네트
워크로 전 세계가 촘촘히 연결된 상황에서 예전처럼 애국심에 호
소하고 정부의 정책으로 기업의 생존을 지켜갈 수는 없다. 소비자
는 해외 직구를 통해 저렴하고 좋은 물건을 구입할 수 있고 넷플릭
스 같은 서비스는 굳이 국내에 서버와 콘텐츠를 두지 않고도 장사

를 할 수 있다. 이번 장을 통해 한국 기업들이 SNS 환경에서 어떤 방향으로 변화해야 하는지 조금이나마 도움이 되었으면 한다.

비정규직에게
친절까지
강요하지 마라

2013년 5월 고객 응대 녹취 파일
하나가 SNS를 타고 순식간에 전
파됐다. 전파된 음성 파일은 사람
들을 웃음 짓게 했고 나아가 고객
센터 직원의 친절함에 대한 칭찬
으로 발전됐다. 대한민국 성인이라면 대부분 들어봤을 'LG 불났어
요?' 음성 파일에 대한 이야기다. 이 음성 파일은 고객센터로 걸려
온 전화에 응대하는 상담 내용을 고스란히 들려준다. 통화가 시작
되면 상담원이 "LG유플러스입니다. 무엇을 도와드릴까요?"라고
묻는다. 전화를 건 할머니는 "응 어디?"라고 반복해서 묻는다. 상
담원이 "LG유플러스요."라고 재차 회사 이름을 말하자 할머니는
"LG 불났어요?"라고 잘못 알아듣는다. 이후에도 동문서답은 계속
된다. "고객센터입니다."라는 상담원의 말에 할머니는 "목욕탕이라

고? 목욕탕에 불났다고?"라며 이야기를 주고받는다.

사람들은 귀가 잘 안 들리는 할머니의 엉뚱한 이야기에 웃음을 참지 못했다. 더불어 많은 사람들이 말귀를 못 알아듣는 할머니에게 끝까지 친절함을 잃지 않은 상담원을 칭찬했다. 이 사례는 기사화를 통해 이슈가 되기도 했고 다른 기업들은 음성 파일을 고객 상담 교육 자료로 활용하기도 했다. 생각지도 못한 음성 파일 하나가 LG유플러스 상담원들의 친절함을 홍보하는 수단이 되었다. 물론 소셜 네트워크 시대이기 때문에 가능한 이야기다.

요즘 우리는 고객 감동 사례보다 불만 사례를 더 많이 접한다. 마케팅 성공이라고 불리는 사례를 만나는 것은 점점 더 어려워지고 있다. 과거에는 온라인 마케팅의 성공 기준이 참여자 수나 페이지 뷰 등이었다. 이제 이러한 수치들은 크게 인정받지 못한다. 이런 정량적 수치들이 고객 감동의 깊이를 측정하지 못하기 때문이다. 앞의 예시처럼 오히려 성공 사례라 불리는 것들은 SNS로 무한히 공유되는 현장 직원의 친절함, 감동적인 응대 같은 것들로 변하고 있다.

《마켓 3.0》에서 필립 코틀러는 "가치 중심 유형의 직원들은 자신이 몸 담은 기업의 훌륭한 얼굴이 되어준다."라고 말했다. 그들은 기업의 스토리와 일치하는 가치를 소비자에게도 전하는데, 특히 소비자와 상호 작용할 때 두드러진다. 그러므로 기업은 직원을 가치 전달의 홍보 사절로 여겨야 한다. 소비자는 다른 누구도 아닌 직원들을 보고 그 기업의 진실성을 판단하기 때문이다.

그런데 문제는 우리 기업들이 현장 근무자들을 하찮게 여긴다는 것이다. 그들의 지위와 역할이 이러한 현실을 보여준다. 접점에서 고객과 상호 작용을 하는 사람들은 통신사 대리점의 판매원, 편의 점 캐셔, 패스트푸드점의 점원, AS 기사, 콜 센터 상담원 들이다. 이들의 공통점은 무얼까? 대한민국에서 이들 대부분은 회사의 정 직원이 아니다. 계약직, 촉탁직, 아웃소싱, 알바생 들이다. 기업 브 랜드 로고가 찍힌 조끼를 입고 있고 이름 앞에 대기업 명을 소속으 로 넣고 있어도 무늬만 해당 기업의 직원일 뿐, 실은 회사의 진짜 직원이 아니다. 이런 지위로 오늘도 고객들을 만나고 응대하고 있 다. 그들을 압박하는 것은 기본적인 고용 불안이다. 언젠가는 짤리 거나, 계약이 만료되는 시점의 고통을 감내해야 한다. 낭연히 소속 감이 있을 리 없다. 사이먼 사이넥은 《리더는 마지막에 먹는다》에 서 고용의 안전권에 대한 중요성을 이야기한다. 고용의 불안, 안전 권이 약한 환경에 처하게 되면 코르티솔이라는 호르몬이 분비된다. 이 호르몬은 본인의 안전을 지켜내기 위해 인간을 더 이기적으로 만든다. 당연히 협업에 나설 생각도 하지 않으며 회사의 발전에는 무관심하게 된다는 것이다.

최근 주목받고 있는 샤오미나 자포스, 코스트코와 같은 기업들은 고객 접점에 있는 직원들을 모두 정규직으로 채용하고 있다. 자포스의 고객 상담 부서는 회사의 가장 중요한 부서로 존중받고 있으며 코스트코의 캐셔들은 정직원이면서 정년도 없다. CEO들은 현장 접점에 있는 직원들이 행복한 마음으로 행복하게 근무할 때 최고의 서비스를 제공할 수 있다고 믿는다. 하지만 국내 기업들은 어떠한가? 고객 상담을 하는 콜센터의 상담원이나 AS를 나가는 기사들, 소셜 미디어를 직접 운영하는 사람조차 모두 회사의 직원이 아니다. 쉽게 말하면 그들은 다른 회사 직원이다. 마트의 캐셔, 매장 직원들도 모두 계약직이나 알바생 들이다. 계약직과 아웃소싱된 다른 회사 직원들에게 애사심을 요구하는 것은 어불성설이다. 애사심이 없이 회사의 가치 전달이나 자발적 감동 서비스를 고객에게 제공할 수 있을까? 서비스와 상품의 가치, 친절이나 감동 같은 무형의 가치를 전달하기는커녕 오히려 회사의 철학과는 다른 행동으로 문제를 일으킬 소지가 높다. 말도 많고 탈도 많은 고객 불만이 대두되는 이유가 바로 이 지점에 있다.

언론에 보도된 것처럼 일베 직원 논란이 있었던 게임 업체나 택시 기사 폭행으로 해당 기업이 정식 사과하는 것처럼 실제 상품이나 서비스와 관련이 없어도 기업 브랜드에 역풍을 맞는 것이 소셜 네트워크 시대의 현실이다. 비용 효율성을 위해 값싼 노동력을 쓰겠다는 근시안적인 접근은 언제 터질지 모르는 폭탄을 고객과 만나는 현장에 설치해놓은 것이나 다름없다. 소셜 네트워크 시대에는 고객들이 자발적으로 공유하고 싶은 상품이나 서비스 등의 탁월함뿐 아니라 이를 전달하는 사람에 대한 투자가 있어야 한다. 편의점을 운영하는 한 대기업의 홈페이지에는 신선함, 친근함, 즐거움이라는 3가지 서비스 가치가 담겨 있다. 편의점에서 시간당 몇천 원의 고된 노동과 학업을 병행하는 아르바이트생에게 이런 서비스 가치가 제대로 전달되고 있는지 의문이다.

과거에는 책상에 앉아 상품 기획을 하고 소비자 조사나 CRM, 경영 전략을 고민했던 사람들이 중요했다. 하지만 소셜 네트워크 시대에는 고객 접점에 있는 사람들의 지위와 권한이 올라가야 한다. 아무리 좋은 전략과 마케팅 플랜이 있다 해도 고객 접점에 있는 직원들이 가치를 전달하지 못하거나 감동적인 고객 경험을 만들지 못하면 소용이 없다.

잘 모르면
권한이라도
위임하시죠

소셜 네트워크 시대에 맞는 마케팅의 성공 사례를 만든 원동력은 무엇일까? 부산 경찰청, 한국 민속촌을 비롯해 SNS에서 이름을 날리는 고양시청, 또래오래 등 모든 SNS 담당자들은 하나같이 잘나가는 페이스북의 조건으로 운영의 자율성을 강조한다.

부산 경찰청 SNS 담당자는 한 인터뷰에서 잘나가는 페이스북 비법에 대해 "담당자를 믿어주는 거요! 윗분들이 '이거 해라, 저거 해라, 사진은 이게 좋다'는 식으로 관여하는 대신, 젊은 직원들이 재량껏 할 수 있게 해주는 게 좋은 것 같아요."라는 답을 내놨다. 고양시청의 페이스북 담당자 역시 SNS를 통한 홍보가 성공하려면 조직 내에서 어떤 요건이 필요한가라는 질문에 "먼저 책임자들이 담당자에게 자율권을 줘야 합니다. 한국 민속촌, 부산 경찰청 같은 곳을 우리도 벤치마킹 다녀오면서 느낀 것이 담당자가 아이디어를 내면 큰 제지 없이 수용하는 모습을 보이더라고요."라고 답했다. 더 나아가 고양시청의 최고 의사 결정자인 고양 시장은 고양이 분장 이벤트를 SNS 공약으로 내걸어 이슈를 만들기도 했다.

변화에 둔감한 의사 결정자의 잘못된 방향 제시나 조직의 경직성에서 비롯한 권한 위임 문제는 SNS 마케팅의 성공을 가로막는 이유가 된다. 결국 잘나가는 소셜 미디어의 운영 비법은 담당자에게 자율권을 주는 것이다. 자신에게 주어진 권한과 책임 하에서 담당자들은 고객을 둘러싼 트렌드 이슈 파악에 시간을 투자한다.

150만 명 이상이 페이스북 팬을 보유하고 있는 G마켓은 시의적절한 이슈와 상품들을 절묘하게 섞은 콘텐츠로 사랑을 받고 매출 상승에도 기여하는 것으로 유명하다. G마켓은 (한 언론사의 인터뷰에서) "매일 아이디어 회의를 하는데 말장난을 하거나 헛소리를 해도 아무도 제재하지 않습니다. 오히려 재미있게 들어주고 이야기를 이어가는데요. 개인적인 이야기를 하거나 갑자기 생각난 웃긴 이야기, 유머 등 아이디어 회의와는 전혀 상관없이 딴 길로 새는 경우가 허다합니다. 그런데 신기하게도 그런 과정에서 드립성 콘텐츠가 생성됩니다."라고 이야기한다.

고리타분한 경영진에게 이들의 회의는 쓸데없는 노닥거리에 불과할지도 모른다. 하지만 그들에게는 창의적인 콘텐츠를 생산해내는 시간이 된다. 이들은 이런 시간을 통해 고객의 관심이 무엇이고 어떤 공감이 통할 것인지 파악한다. 소셜 미디어를 일방적 메시지 전달 채널로 규정했다면 이런 고민은 필요하지 않다. 스타 페이스북 운영자들은 기업의 입장에서 무엇을 이야기해야 할까가 아닌 고객이 우리 회사에게서 어떤 이야기를 듣고 싶어 하는지를 고민했다. 결국 일방적 메시지 전달이 아닌 소통의 중요성을 알고 있었다. 소통을 통해 형성된 관계는 차츰 관심으로 변한다. 우리가 알고 있는 많은 유명 대기업 페이스북의 '이야기하고 있는 사람' 수는 1000명을 넘기지 못한다. 고양시청, 한국 민속촌은 7000~8000명을 넘는다. 한국 민속촌이나 부산 경찰청을 통해 올라온 글들이 기사화되는 일은 이제 흔한 일이 되었다.

LG전자 해외 법인장을 지낸 프랑스인 에리크 쉬르데주의《한국인은 미쳤다!》라는 책이 화제를 모은 적이 있다. 지나친 성과주의에 매몰된 한국 기업의 일상을 외국인의 시선으로 담아내다 보니 '미쳤다'는 표현이 가장 적절한 단어였을 듯하다. 책에서 저자는 군사적이고 위계적인 서열 문화를 비판한다. 창의적인 마케팅을 통해 LG전자의 브랜드 위상을 높여보려던 계획들이 상사의 'NO' 사인 하나로 무시되고 위계질서가 모든 것을 앞서는 기상천외한 경험을 털어놨다. 그러나 한국인에게 그의 경험담은 이상할 것 없는 일상일 뿐이다.

위계와 서열이 중시되는 한국 조직 문화는 소셜 네트워크 시대와는 상극이다. 한국 기업이 성장 가도를 달리던 시절 이 '미친' 한국의 기업 문화는 성장의 원동력이었다. 그래서 비난할 수 없었다. 하지만 이제는 한국인이 미쳤다는 이야기가 귀에 들어온다.

해외 기업과 달리 아직 한국 기업들은 SNS 마케팅에 미숙하다. 이는 한국의 상명하복 문화를 양산하는 수직적 의사 결정의 조직 구조와 관계가 있다. 최근 들어 한국에도 직급 호칭을 폐지하거나 기존의 직급 체계를 손보는 대기업이 늘어나고 있다. 젊은 스타트업 기업이 등장하면서 젊은 CEO나 각 분야의 젊은 최고 책임자들도 어렵지 않게 만날 수 있다. 하지만 한국의 기업에서 의사 결정 권한을 가진 임원에 오르기까지는 20년 이상 걸린다. 그러다 보니 대부분 구시대적 사고를 버리지 못한 사람들이 의사 결정을 한다. 물론 나이가 많다고 생각마저 늙는 것은 아니지만 고령의 나이에 젊고 열려 있는 생각을 갖고 있는 사람 또한 흔하지 않다.

굳어버린 사고를 가진 임원들에게 새로운 변화는 낯설다. 하루가 다르게 변화하는 소비 트렌드는 복잡하다. 그보다 더 큰 문제는 모든 의사 결정을 본인이 해야 월급값을 한다고 여기는 데 있다. 마케팅 임원들은 구시대에 배우고 경험한 마케팅 이론으로 기업의 마케팅을 진두지휘한다. 트렌드를 따라가지 못하면 소비자의 변화에 대응할 수 있는 담당자에게 권한을 줘야 한다. 하지만 권한 위임은 고사하고 SNS에 관심조차 두지 않고 있는 임원이 수두룩하다. TV 광고 비용은 아까운 줄 모르지만 소셜 미디어를 이해하고 이를 이용한 마케팅에 돈을 써야 한다고 생각하는 대기업 경영진은 많지 않다. 이러다 보니 담당자들은 마케팅 환경의 변화를 감지하고도 새로운 무언가를 시도할 엄두를 못 낸다. 변화를 수용하지도, 권한을 넘겨주지도 않는 조직 문화에서 소셜 네트워크 시대에 맞는 성공 사례가 나올 리 없다. 앞에서 소개한 다양한 사례들에서 보았듯이 소셜 네트워크 시대에는 진중함보다는 가벼움, 심사숙고보다는 순발력, 가식적 약속보다는 작은 진솔함이 더 중요한 마케팅 포인트로 작동한다.

정형화된 접근, 쓸데없는 심각함, 신속함에 방해가 되는 수직적 의사 결정, 고객의 마음속보다 경쟁사 마음이 더 궁금한 경쟁 중심의 문화는 소셜 네트워크 시대와는 함께 갈 수 없는 것들이다. 이런 한계들을 극복하지 못하면 한국 기업은 마케팅 문제를 떠나 기업 생존 자체에 타격을 받을 수밖에 없다.

보수적인 CEO나 CMO가 볼 때 아무 쓸모 없는 말장난 같은 글에 오히려 고객은 열광한다. 수십억을 들인 TV 광고로 만들지 못하는 브랜딩을 콘텐츠 하나로 가능하게 하는 것이 지금의 마케팅 환경이다. 그럼에도 불구하고 마케팅 커뮤니케이션 담당자들이 가장 어려워하는 것은 소셜 미디어 운영 비용을 승인받는 일이다. 큰 의심 없이 수십억 광고를 승인하면서 정작 본인들의 관심 밖에 있다는 이유로 소셜 미디어의 중요성을 간파하지 못하는 것이다. 이런 무관심은 결국 모양만 흉내 내는 SNS 마케팅의 결과로 나타난다. 페이스북이나 카카오스토리 계정 하나 없이 기업을 책임지고 있는 경영진들은 변화된 환경의 마케팅을 끌고 나갈 자격이 없다.

소셜 네트워크 사회에서 유행은 너무 빠르게 그 수명을 다한다. 오늘의 빅 이슈가 내일까지 이어지지 않고 한번 놓친 마케팅 기회는 다시 오지 않는다. 기업이 이러한 초고속 변화에 대응하기 위해서는 권한 위임이 필수적이다. 기존에도 효율적인 업무 처리와 신속한 경영을 위해 적절한 권한을 적절한 책임자에게 부여한 기업들이 존재했다. 그러나 소셜 네트워크 환경에서는 소셜 미디어 운영이나 CS, 판매와 같이 고객 접점에서 일하는 담당자들에게 더 강력한 권한과 책임을 줘야 한다.

현장 담당자에게 권한이 주어지지 않고 고객 서비스의 철학이 제대로 서 있지 않으면 그것은 바로 고객 불만이 되어 돌아온다. 통신사 해지나 요금제 변경 업무를 위해 고객 센터에 전화를 걸면 민감한 내용의 경우 대부분 권한 밖의 일이라거나 규정을 운운하며 같은 말을 반복하는 경험을 겪어본 적이 있을 것이다. 가전제품 AS 센터 역시 소비자 과실 유무에 대한 시시비비로 고성이 오가는 상황이 적지 않게 벌어진다. 식당이나 호텔 같은 서비스업도 상황은 다르지 않다. 종업원과 고객 간의 분쟁은 결국 사장이나 책임자를 찾게 되는 일촉즉발의 상황으로 가야만 해결된다.

사실 이런 상황들은 고객 접점에 있는 책임자에게 작은 권한만 있더라도 쉽게 해결되는 일이 많다. 하지만 권한이 없는 직원들의 영혼 없는 대응이 별것 아닌 상황을 오히려 크게 만드는 경우가 많다. 쉽게 처리되고 작게 끝날 수 있는 문제들이 고객의 소셜 미디어를 통해 전파되면 예상 밖의 일로 커질 수 있다. 우리가 소셜 미디어와 언론을 통해 보게 되는 수많은 고객 불만족 사례들은 결국 같은 문제의 결과물들이다. 이런 결과는 현장 직원의 개인적 문제가 절대 아니다. 콜센터 직원이나 대리점 직원들이 갖고 있는 권한이 없기 때문이다. 회사를 대표해 진심 어린 감동을 전달할 수 있는 정직원이 아니기 때문이다.

소셜 네트워크 시대에 권한 위임이 어떤 효과를 낼 수 있는지 몇 가지 해외 사례를 살펴보는 것도 의미가 있을 것이다. 《칭찬은 고래도 춤추게 한다》의 저자 켄 블랜차드는 비행기를 타기 위해 공항으로 향하던 중 여권을 두고 왔다는 사실을 알게 된다. 집에 다녀오면 비행 시간을 맞출 수 없어 공항에 있는 서점에서 자신의 저서를 구입했다. 그 책은 미식축구의 전설적인 감독 돈 슐라와 함께 쓴 책이었다. 항공사 직원이 신분증을 요청하자 책을 보여주며 신분증 대신 책 속의 사진으로 대신할 수 없는지 요청했다. 그러자 그 직원은 동료 직원에게 "이 분 슐라 코치와 아는 사이셔! 일등석으로 모셔!"라며 소리쳤다. 우리나라로 치자면 "이 분 히딩크 감독과 친구셔! 잘 모셔!" 정도가 되겠다. 뿐만 아니라 직원은 보안 검색대를 통과하며 같은 절차를 거치지 않도록 동행해주었다. 이 직원은 사우스웨스트 항공의 말단 직원이었다. 사우스웨스트의 공동 설립자 허브 켈러허는 수하물 접수 직원을 비롯한 모든 직원들에게 권한을 위임함으로써 고객 서비스를 위해 그들 스스로 고민하고 결정할 수 있는 토대를 만들었다. 켈러허는 정해진 규칙을 준수하는 것은 중요하지만 그것을 해석하는 데 있어 각자의 기준에 따라 신속하고 적절한 판단을 하길 원했다. 또 그렇게 내린 결정들은 고객에게 최상의 서비스로 전달된다고 믿었다. 탑승객이 동일 인물인지 확인되었다면 신분증은 필요치 않다는 결정은 사우스웨스트 직원들에게 어려운 일이 아니었다. (한국이라면 어땠을지 실험을 해보고 싶다.)

고전적인 사례긴 하지만 팔지도 않았던 타이어를 환불해주었던 노드스트롬 백화점이 고객 만족의 대명사가 된 것도 결국 현장판매 직원들에게 공식적인 재량권을 부여했기 때문이다. 노드스트롬의 직원들은 스스로 판단해 무엇이든 고객의 요청이 있을 경우 교환, 환불이 가능하며 한 달 200달러 내에서 친절을 베풀기 위해 무엇이든 할 수 있는 권한을 갖고 있다. 노드스트롬의 블레이크 CEO는 "노드스트롬을 대표하는 것은 직원 개개인이지 사무실에 앉아 있는 사람이 아니다."라고 말했다. CEO의 이런 철학에 따른 권한 위임 정책들로 매장의 직원들은 주인 의식을 갖고 그들이 실제 사업가처럼 일할 수 있게 되었다는 평가를 받고 있다.

리츠 칼튼 역시 경쟁이 치열한 호텔 산업에서 고객의 사랑을 받을 수 있는 원동력은 고객 만족이라고 생각한다. 최고의 서비스를 위해 직원들에게 권한을 위임해 효과를 보고 있다. 어브 엄러 회장은 직원들이 권한을 통해 스스로 주인처럼 일할 수 있도록 했다. 리츠 칼튼의 현장 직원들은 고객 서비스를 위해 언제든 횟수 제한 없이 1인당 200달러까지 결제할 수 있다. 모든 직원은 고객에게 문제가 발생했을 때 보고 체계 없이 신속하고 적절한 대응을 할 수 있다. 직원들은 자신의 권한 내에서 고객을 만족시키기 위해 최선의 방안을 도출하기 위해 고민한다. 결국 이런 고민들은 다른 호텔에서 경험할 수 없는 서비스로 탄생한다. 고객 불만 사항을 처리하기 위해 상사나 매니저를 찾는 사이 고객에게 돌이킬 수 없는 불만 체험을 제공하고 있는 것과는 엄청난 차이가 있다.

이런 사례에서 보듯이 권한 위임을 받은 대상은 현장에서 고객을 만나고 응대하는 직원들이다. 이들은 프런트나 소셜 미디어 계정, 매장에서 혹은 전화 통화로 수많은 고객과 만난다. 회사 입장에서 보면 이들은 회사의 제품과 서비스는 물론 기업의 가치관을 고객에게 전달하는 얼굴이나 다름없다.

소셜 네트워크 사회에서 이들의 역할은 훨씬 더 중요해질 것이다. 고객 경험은 그대로 소셜 미디어나 메신저를 통해 실시간으로 더 많이 공유될 것이기 때문이다. SNS 마케팅은 신속한 의사 결정과 발 빠른 대응이 필수다. 다시 한 번 강조하지만, 고객 접점에 있는 담당자들에게 권한을 위임하고 그들이 신속하고 적절한 최선의 고객 대응 프로그램을 실행할 수 있도록 도와줘야 한다. 이것이 결국 마케팅을 성공으로 이끄는 중대한 역할을 하게 될 것이다.

최고 소셜 미디어
책임자의
필요성

소셜 미디어가 등장한 초기만큼은 아니지만 오늘날에도 여전히 기업의 소셜 미디어에서 크고 작은 실수들이 벌어지고 있다. 때로는 작은 해프닝으로 끝나는 경우도 있지만 간혹 작은 사건이 눈덩이처럼 불어나면서 기업의 이미지에 큰 타격을 불러오는 사례들이 생겨난다. 고객과의 소통이나 기업의 이미지 개선을 위해 시작한 소셜 미디어가 오히려 기업 이미지에 해를 입히는 경우가 발생한다. 기업이 왜 SNS 운영에 심사숙고해야 하는지 몇 가지 사례들을 살펴보자.

"그의 죽음에 혹자는 기뻐하고 혹자는 두려워하는 걸 보니 참 씁쓸하네요. 김정일 위원장님 삼가 고인의 명복을 빕니다." 국내의 한 커피 전문점 브랜드는 2011년 김정일 국방 위원장 사망 소식에 대한 애도 표현이 담긴 글을 기업 공식 계정을 통해 올렸다. 이 트윗이 올라간 시간은 2011년 12월 19일 오후 1시 30분경이었으나 20분 만에 삭제했고 동시에 사과문을 게시했다. 하지만 민감한 정치적 발언이 담긴 이 글은 짧은 시간임에도 순식간에 리트윗됐다. 이 게시물 하나로 해당 커피 브랜드는 실시간 검색 순위에 올라가기도 했다. 논란이 확대되자 언론사들은 이 사건을 보도했고 더 많은 사람들에게 공유되었다. 사태가 심각해지자 SNS 책임자인 해당 팀장이 무릎을 꿇은 사진과 함께 사죄의 글이 올라왔고 회사의 공식 입장을 표명하기 위해 홈페이지에 공식 사과문이 발표되기도 했다.

신선하고 꾸준한 마케팅으로 사랑받은 세계적 콜라 회사는 2010년 페이스북을 통해 진행한 이벤트로 곤혹을 치른 적이 있다. "세상에서 일어날 수 있는 가장 끔직한 일은 뭘까?" "콜라를 어떻게 마시면 가장 맛있을까?" 라는 질문에 재치 있는 답변을 해준 페이스북 팬들에게 매주 한 명씩 우승 상금 1000파운드를 주었다.

하지만 해당 이벤트를 진행하는 페이스북 담당자는 "샤워하다 오줌 싸는 것이 뭐가 문제니?"라거나 내용의 엽기성 때문에 큰 논란이 되었던 성인 영상의 제목을 언급하는 실수를 저지른다. 만 13세부터 가입이 가능한 페이스북에서 청소년들도 볼 수 있다는 사실을 간과한 것이다. 영상의 제목을 접하고 호기심을 느낀 한 14세 소녀가 영상을 보기 위해 검색을 시도했고 이를 알게 된 소녀의 부모가 음료 회사에 항의하는 일이 벌어졌다. 회사는 문제가 된 글을 페이스북에서 삭제했고 행사를 중단했다. 소녀의 부모에게는 사과와 함께 호텔 숙박권과 뮤지컬 티켓을 제공했다. 일단락될 것 같았던 사건은 여기서 끝나지 않았다. 콜라 회사는 런던 호텔 숙박권을 주었지만 소녀의 부모가 사는 글래스고에서 런던까지 가는 왕복 교통비를 제공하지 않았다. 소녀의 엄마는 이 모든 사건을 학부모 커뮤니티에 올렸고 콜라 회사는 많은 비난을 받아야 했다.

2012년 여성가족부는 16세 미만 청소년이 밤 12시부터 오전 6시까지 온라인 게임을 못하게 하는 셧다운 제도를 도입했다. 이에 한 네티즌은 여성가족부 페이스북에 "청소년들의 한 줌도 안 되는 여가와 행복추구권을 맘대로 침해하지 마라."라는 글을 남긴다. 하루 종일 공부에 시달리는 아이들의 미친 야자(야간 자율학습)부터 셧다운하라는 이 네티즌의 주장은 충분히 청소년의 현실을 생각해보게 하는 의견이었다. 하지만 여성가족부는 이 글에 대해 "청소년이 아니시네요?"라며 댓글을 달았다. 네티즌은 "청소년이 아니면 청소년의 권리를 말하지 말아야 하는 건가?" "아, 그렇구나. 청소년이 아니면 청소년을 걱정하면 안 되는 구나."라며 항의 댓글을 달았다. 이 논란은 다른 여러 유명 커뮤니티에 소개되었다. 여성가족부 페이스북은 항의 댓글과 사진들로 공격을 받게 된다. 하지만 여성가족부는 공식 사과가 아니라 오히려 사진 업로드를 못하게 조치하고 "개개인의 주장은 받아들이지만 SNS 예절을 지켜달라", "성인 유저들은 상관이 없다고 말씀드렸는데 다들 업계 관계자 분들이신가요?" 등의 글로 성난 네티즌을 더 자극했다.

여러 관점과 논란이 존재하긴 하지만 셧다운 제도는 여성가족부 입장에서 청소년들이 밤새 게임에 빠지는 것을 방지하려던 좋은 의도의 결과물이었다. 그러나 소셜 미디어는 쌍방향 소통을 전제로 한 공간이다. 자신의 의견만을 일방적으로 공지하고 싶다면 소셜 미디어를 사용할 필요가 없다. 어떤 주제든 다양한 관점에서 견해가 나올 수 있다. 자신의 견해와 일치하지 않는다는 이유로 정부 기관의 공식 소셜 미디어가 국민의 의견을 조롱하는 것은 있을 수 없는 일이다. 결국 여성가족부는 페이스북에 사과 공지문을 올렸다. 하지만 여성가족부의 페이스북 페이지에는 그 후에도 수많은 악플들이 넘쳐났고 운영자는 눈을 감은 채 일방적인 이야기만 쏟아내고 있다.

소셜 미디어의 미숙한 운영이 어떤 결과를 가져올 수 있는지 몇 가지 사례를 살펴봤다. 2014년 SNS 마케팅 전문 회사 소셜 미디어 이그재미너SocialMediaExaminer가 전 세계 2800여 명의 마케팅 담당자들을 대상으로 실시한 조사에 따르면 97%가 소셜 미디어를 기업의 마케팅 수단으로 활용하고 있고 그중 92%가 소셜 미디어가 비즈니스에 중요한 역할을 담당하고 있다고 응답했다. 국내의 상황도 크게 다르지 않다. 2015년 소셜 커뮤니케이션 연구소의 조사에서 응답한 국내 기업과 공공기관 중 86%가 페이스북을 운영하고 있었다. 하지만 실무자가 소셜 미디어 운영이 홍보·마케팅에 중요한 역할을 하고 있다고 응답(84%)한 것과 달리 CEO나 기관장의 소셜 미디어에 대한 관심도가 높다고 응답한 비율은 53%에 그쳤다.

대기업을 제외하고 최고 마케팅 책임자를 두고 있는 기업은 많지 않다. 여전히 비즈니스에서 마케팅의 중요성을 간과하는 기업들이 있다. 마케팅보다 기술력, 제품, 유통 등에 더 신경 쓰는 회사들이 많다. 물론 그런 경쟁력이 마케팅보다 중요할 수 있다. 하지만 지금까지 살펴본 것처럼 SNS 시대에는 기존과는 다른 요소들 때문에 스타 제품이 만들어지거나 기업의 이미지가 좋아지거나 혹은 그 반대의 현상들이 자주 발생한다.

나는 이 책 전반에 걸쳐 소셜 미디어 기업 계정을 운영하는 것이 곧 SNS 마케팅은 아니라는 점을 거듭 강조했다. 하지만 조사 결과처럼 국내 많은 기업들이 페이스북을 비롯한 여러 소셜 미디어 기업 계정을 마케팅에 활용하고 있다. 앞에서 보여준 사례처럼 소셜 미디어 운영 초기에 발생했던 실수들을 본보기 삼아 다행히 많은 기업들이 소셜 미디어 운영에 신경을 쓰고 있지만 여전히 소셜 미디어 전문 팀을 구성하거나 임원급 책임자가 있는 곳은 찾아보기 힘들다.

과거의 전통적 미디어를 이용해 고객과 커뮤니케이션하던 시절, 기업은 자신들의 브랜드 이미지를 완벽하게 통제할 수 있었다. 광고에 문제가 생겨도 내리면 그만이었다. 홈페이지가 있어도 불만의 글이 두려워 게시판을 만들지 않았다. 1:1 메일을 통해 접수받는 방법을 이용하면 됐다. 고객센터로 걸려오는 불만 역시 새어나갈 일은 거의 없었다. 대충 원칙을 강조하며 응대하면 해결된다고 생각했다. 하지만 소셜 네트워크 시대가 되자 기업은 자신들이 원하는 방향대로 고객이나 브랜드를 통제할 수 없게 되었다.

위에서 언급한 사례들은 소셜 미디어의 등장이 없었다면 결코 일어나지 않을 일들이었다. 하지만 지금은 고객을 무시하고 일방적인 소통과 진정성이 결여된 대응, 다양해진 고객에 대한 깊이 있는 배려가 없을 경우 모두 문제가 될 수 있음을 증명해준다. 이러한 사례들을 소셜 미디어 대행사나 담당자의 단순한 실수라고 치부해서는 안 된다. 이제 SNS는 중요한 기업의 얼굴이자 브랜드를 대표하는 채널이다. SNS 마케팅 담당자는 그 기업의 대표로서 회사의 입장과 고객을 생각하며 글을 올려야 한다.

국내 기업의 SNS 마케팅 책임자는 실무급들이다. 기업 계정을 관리하는 전문 팀이 존재하기도 하지만 많은 기업이 낮은 직급에 있는 담당자나 대행사의 실무자 선에게 운영을 맡긴다. 마케팅 임원이 소셜 미디어 운영 전략을 챙기거나 올라가는 글들에 관심을 갖는 기업은 매우 희박하다. 그렇다고 담당자에게 모든 권한을 주고 자신만의 운영 철학으로 소셜 미디어를 운영하게 허락하지도 않는다. 이러한 인식과 대응이 결국 상상하지 못한 결과를 만들어내는 원인이 된다.

일부 전문가들은 소셜 미디어를 관리하는 전문 임원, 즉 최고 소셜 미디어 책임자Chief Social Media Officer, CSMO 직위를 만들어야 한다고 주장한다. 슈퍼태스커SuperTasker의 CEO 제니오스 트레시불루는 "SNS 관리를 인턴이나 신입 사원에게 맡기던 때는 지났다. 소셜 미디어를 잘못 운영하면 어떤 참사가 일어날 수 있는지를 지켜본 기업들은 SNS 관리에 커뮤니케이션 전문가를 고용하는 것이 얼마나 중요한지 깨닫고 있다."라고 말했다. 마케팅 및 커뮤니케이션 컨설턴트 킴벌리 새뮤얼슨은 "SNS는 새로운 분야다. 때문에 기업도 이를 활용하는 방법을 완벽히 이해하지 못하고 있다. 대부분 기업들이 그래서 처음엔 '인턴한테 맡기자. 젊은 사람들은 인터넷을 잘 아니까, 이런 것도 잘 하겠지'라는 태도였다. 그렇지만 개인적인 용도로 SNS를 하는 것과, 회사를 대표해 공식 계정을 관리하는 것은 전혀 다른 문제다. 결국 경험 없는 직원에게 SNS 관리를 맡기는 것이 실수임이 드러났다."라고 말했다. (〈'최고 소셜 책임자   가 필요하다' 전문가 2인의 주장〉, 《CIO》, 2015년 1월 19일.)

소셜 미디어를 관리하는 최고 임원을 두지 않으면 향후 일어날 참사를 막지 못할 뿐 아니라 유연한 마케팅 마인드로 고객과 좀 더 즐겁게 소통하거나 빠르게 대응할 수 없다. SNS 마케팅 콘텐츠를 기획하고 운영하는 책임자가 사원급일 경우는 권한의 한계 때문에 매우 보수적으로 운영할 수밖에 없다. 고객의 변화에 맞게 그들이 좋아하고 즐거워하는 콘텐츠를 만들 수 없다는 이야기다. 디지털 마케팅 팀장의 권한이라고 해서 특별히 완벽한 것도 아니다. 마케팅을 전문으로 하는 CMO 조직이 있다 하더라도 CMO 자체가 현재의 마케팅 트렌드를 완벽히 이해하진 못한다. 구시대의 지식과 경험에 의존하고 있을 확률이 높다. 현재의 고객 트렌드에 맞는 전략을 구사할 수 없음은 당연하다. 이럴 때는 CMO 자체가 늘 새로운 고객 트렌드를 감지하고 인사이트를 찾아내는 노력을 게을리 하지 않아야 한다. 만약 그게 힘들다면 많은 권한을 담당자에게 위임하고, 위임했다면 그들에게 권한과 책임을 건네주어야 한다. 당연히 늘 관심과 애정을 갖고 최선의 마케팅 효과를 얻을 수 있도록 방향을 제시해주어야 한다.

가벼움을 허하라

스낵 컬처snack culture가 유행한다.
스낵을 먹듯이 잠깐 잠깐 즐기는
짧고 가벼운 문화 콘텐츠를 일컫
는 말이다. 소셜 미디어를 중심으
로 한 모바일의 특성은 플리킹에
의해 순간적으로 콘텐츠가 이동한다. 넘쳐나는 정보의 양 때문에
사람들은 손가락을 움직이며 빠르게 빠르게 이동한다. 시선을 끌
지 못하면 아무리 돈을 많이 들인 콘텐츠라 해도 사람들의 '읽힘'을
당할 수가 없다. 그래서 시선을 끌 수 있을 정도의 재미가 있어야
한다. 이런 이유로 재미와 가벼움을 강조하는 스웨그SWAG 현상을
트렌드로 꼽기도 했다. 소셜 네트워크 시대에는 이런 재미와 가벼
움이 한순간의 트렌드라기보다는 지속적 현상이 될 것이다. 교장
선생님이 훈시하듯 브랜드와 제품을 이야기하면 누구도 집중하지

않는다. G마켓 SNS 운영자들은 한 매체와 인터뷰에서 기업이 갖는 진지함과 채널이 갖는 유머성을 동시에 유지하기 위해 진지함과 유머의 경계선을 아슬아슬하게 넘나든다고 이야기했다. 소셜 미디어에서 회자되는 것들은 이 경계선에서 좀 더 가벼운 재미 쪽에 무게가 실린다.

2016년 수많은 패러디를 양산하며 가장 성공한 캠페인으로 인정받고 있는 신세계의 '쓱' 캠페인은 10년 전이라면 나올 수 없는 크리에이티브였을 것이다. 이 캠페인이 이슈가 된 것은 TV라는 매체의 힘이라기보다 소셜 미디어의 파급력 때문이다. TV 광고로 시작된 캠페인이지만 장난 같은 이 광고에 반응한 소비자들은 자발적으로 광고를 퍼 담아 공유했다. 공유, 공효진 두 배우의 무표정한 연기나 회화적 영상미가 눈길을 사로잡았지만 소비자가 반응을 보인 지점은 SSG라는 쇼핑몰 브랜드를 '쓱'이라고 공식적으로 사용했다는 데 있다. 사실 온라인에서 '스크트'SKT나 '스브스'SBS 등 기업의 이름을 줄여서 부르는 일은 자연스러운 소비자 용어였다. SSG를 '쓱'으로 광고에 공식 사용한다는 것은 광고주 역시 이 아이디어를 과감하게 인정했다는 것이다. HS애드는 '쓱'이라는 단어가 내포한 가볍고 부정적인 이미지가 최대의 고민거리였다고 밝혔다. 만약 광고주 내부의 경직된 사고가 강했다면 쉽게 통과될 수 없는 아이디어다. 하지만 신세계는 이 같은 시도를 긍정적으로 판단했다. 때로는 가벼워 보이는 것이 더 묵직한 메시지를 전달할 수도 있다. SNS 시대에는 진중함보다는 가벼움이 소비자에게 어필되고 빠르게 소비되는 정보 속에서도 눈길을 붙잡을 수 있다.

국내 500대 기업의 CEO 평균 연령은 60세에 가깝다. 만약 CEO가 마케팅 최고 결정에 관여한다면 그들의 사고와 시선에서는 소비자들이 열광하는 대부분의 것이 너무나도 가벼워서 부정적으로 보일지 모른다. 하지만 SSG나 G마켓처럼 소셜 네트워크 시대에 소비자들에게 더 가까이 다가가는 방법 중 하나는 어깨에 힘을 뺀 가벼움일 것이다.

소셜 임플로이를
만드는 법

세릴 버지스와 마크 버지스의 책 《소셜 임플로이》에서는 소셜 네트워크 시대에 적응한 기업들의 성공 비법으로 소셜 미디어를 통해 열정적으로 기업의 홍보 대사 역할을 자처하는 직원들을 꼽았다. 이런 기업들은 기업 내부에서 먼저 소셜 문화를 구축하는 데 많은 고민과 투자를 아끼지 않았다. 이를 통해 기존의 상명 하복식이 아닌 수평적이고 유연한 직원들이 만들어졌다. 이들은 외부에 기업의 브랜드를 홍보하고 외부의 소리를 내부에 전달한다고 주장했다.

소셜 네트워크 시대에 모든 임직원은 소셜 임플로이가 될 수밖에 없다. 직원 개개인의 회사에 대한 생각과 느낌들이 그대로 공유될 수밖에 없는 것이 현실이다. 누군가는 정제되지 않은 회사에 대한 생각들을 통제하고 싶겠지만 그것은 현실적으로 불가능하고 일어나서도 안 된다.

많은 회사들이 기업 자체의 이미지 혹은 제품과 서비스의 브랜드 선호를 제고하기 위해 노력한다. 이를 위해 들어가는 시간과 비용은 천문학적이라 할 만하다. 하지만 이런 매스 커뮤니케이션에 더해 이제는 신경 써야 할 것이 한 가지 더 생겼다. 그것이 바로 '소셜 임플로이'다. 페이스북에는 많은 개인 정보가 나타난다. 직장인들은 대부분 자신의 직장 정보를 넣어 친구라면 누구나 어느 회사를 다니는지 알 수 있다. 이렇게 소셜 미디어에서의 한 개인이면서 동시에 기업의 임직원으로 그들이 어떤 이야기를 하느냐에 따라 기업의 이미지가 달라질 수 있는 시대라는 점을 알아야 한다.

최근 들어 직원 개인이 올린 글이 기업 이미지에 심각한 영향을 주는 사례들이 나타나고 있다. 국내의 한 신발 제조사의 관계자는 자신의 SNS에 소비자를 비난하는 내용의 글을 올려 논란에 휩싸인 적이 있다. 해당 회사의 대리점 직원으로 보이는 관계자는 자신의 계정에 "우리 신발 어울릴 것 같은 분이 뭐라고 말씀하시면 이해하겠는데 꼭 매장 앞에서 헛소리하는 분들 보면 하나같이 딱 봐도 어울리지도 않을 분들", "어차피 스스로 판단해서 안 어울릴 테고 못 신으니까 열폭하는 건가. 안타깝고 웃기지도 않음"이라는 글을 올렸다. 이 게시글이 순식간에 공유되자 해당 지점은 사과문을 올렸지만 소비자의 항의가 쇄도했다. 기업의 공식 계정을 통해 이루어지는 소통이 아니라 하더라도 자신의 회사를 노출하게 되면 개인 소셜 미디어 계정 역시 기업의 얼굴이 된다.

기업 내부에서의 문제도 마찬가지다. 과거에는 상명하복, 권위주의와 같은 한국 특유의 기업 문화 아래서 직원들의 불만들이 새 나가는 일이 거의 불가능했다. 적당하고 조용히 처리하면 끝이었다. 거의 모든 기업들이 사내 게시판을 운영하지만 이런 분위기에서 솔직한 소통이 될 리 없고 회사를 위한 건전한 비판마저 사라져 버렸다. 그러다 보니 반대급부로 블라인드 같은 앱이 인기를 끌 수밖에 없다. 명퇴 사건으로 치명적인 기업 이미지의 손상을 입은 두산이 내부의 문제가 외부에서 확대 재생산될 수 있다는 사실을 간파했다면 모든 임직원들이 수긍하고 이해할 수 있는 수준에서 명퇴 문제를 처리했을 것이다. 하지만 기업의 경영진은 SNS의 위력을 알지 못했다.

이렇듯 사내에서 원활하게 커뮤니케이션되지 못한 문제, 진화하지 못한 문제나 불만들이 외부로 퍼져나가 큰 문제가 될 수도 있으며, 영향력 없어 보이는 임직원의 작은 글 하나가 기업의 이미지나 브랜드에 영향을 줄 수 있다. 블라인드뿐만 아니라 개인 계정을 통해서 회사에 대한 불만을 이야기하는 임직원들도 많다. 친구들만이 불만 사항을 보게 되고 댓글로 위로를 하겠지만 만약 직원이 몸담고 있는 회사가 기업 이미지에 신경 쓰는 회사라면 그런 불만 글역시 이미지를 해치는 역할을 할 것이다.

이제 임직원 개개인은 회사를 대표하는 하나의 미디어가 되었다. 광고팀에서 좋은 광고를 만들겠다고 고민하고 홍보팀에서 언론사를 관리하겠다며 노력하는 것 이상으로 하나하나의 미디어가 되어버린 소셜 임플로이에 대해 신경 써야 한다. 뿐만 아니라 인사차원에서의 노력도 한층 강화해야 한다. 모든 직원을 만족시킬 순 없겠지만 처우나 환경이나 분위기 등이 모두 공유될 수 있음을 감안해야 한다. 좋은 인재를 뽑기 위해 헤드헌팅 회사에 돈을 쓸 것이 아니라 현재의 직원들이 진짜 회사를 사랑하게 만들 수 있는 노력이 더 중요하다.

임직원들이 자발적으로 자신의 소셜 미디어 계정을 통해 기업홍보를 하게 만드는 일은 쉽지 않다. 하지만 이 책 전체를 통해 이야기하고 싶었던 한 가지는 결국 진정성으로 귀결된다. 임직원들이 기업의 얼굴이나 홍보 대사가 되도록 만드는 것은 결국 기업의 경영진이 직원들을 이익을 내주는 도구로 생각하지 않고 함께 성장하는 진정한 동반자로 대해줄 때 가능해질 것이다.

페이스북이나 인스타그램에서는 작은 기업들의 이색적인 복지 이야기들을 어렵지 않게 만날 수 있다. 일주일에 한 번씩 긴 점심 시간이 주어지고 한 달에 한 번쯤 지각하는 걸 허용한다거나 근무 시간에 영화를 보러 가며 모든 직원들이 해외로 워크숍을 다녀오는 일들은 회사가 홍보하지 말라고 해도 자발적으로 소셜 미디어에 공유되기 마련이다. 여전히 분배보다는 성장에 초점을 맞춰야 한다는 대기업에서는 좀처럼 보기 힘든 복지와 근무 환경이 스타트업이나 작은 강소 기업들에서 시작되고 있다. 이런 사례들은 소셜 미디어에서 자발적으로 무한히 공유된다. 결국 소비자가 만족한 뒤 좋은 사용 후기를 남기고 공유하듯이 기업의 홍보 대사 역할을 해줄 수 있는 소셜 임플로이를 만드는 것 역시 회사가 먼저 직원들을 만족시켜주는 데서 시작될 것이다.

<thumbnail> 에필로그 　🔍

결국,
진심은 통한다

책을 처음 쓸 때는 광고주였지만 책을 마무리하고 있는 지금은 광고 대행사에서 일을 하고 있다. 책의 아이디어를 구상하고 나오기까지 1년이 넘는 시간이 걸렸다. 탈고하는 과정 속에서, 예전에 써놓은 사례들이 아주 빠른 속도로 옛일이 되어버려 수정을 거듭했다. 그만큼 소셜 네트워크 시대는 빠르게 변화한다. 그렇기에 책에서도 이야기 했듯이 이슈가 빨리 소비되기 전에 점령하고 소비자의 대화 속에 들어가려는 노력이 필요하다.

　광고 대행사에서 일하다 보니 다양한 클라이언트를 만난다. 목적은 하나인데 접근하는 방식은 천차만별이다. 간혹 뜬구름 잡는 이야기로 들릴까 봐 클라이언트의 성향을 고려해 제안의 수준을 달리하지만 결국 앞으로 더 강화될 소셜 네트워크 시대의 마케팅이

나아갈 방향은 '진眞'이라는 한 글자로 정의할 수 있을 듯하다.

결국, 소셜 네트워크 시대를 이겨낼 마케팅은 진짜, 진심, 진실, 진정성이다.

책을 마무리하는 와중에 2016년 칸 국제 광고제(칸 라이언 크리에이티브 페스티벌)의 수상작들이 발표되었다. 과거 보다 더, 브랜드와 사회 공유 가치를 고민하는 캠페인들이 많은 상을 받았다. 먹어도 되는 재질로 맥주 포장 팩을 만들어 바다 동물들이 고통 받지 않도록 한 맥주회사의 캠페인, 맥주를 제조하고 남은 곡물과 효모를 브루트롤리엄Brewtroleum이라는 바이오 연료로 만들어 공급한 맥주회사. 여전히 문맹률이 높은 브라질에서 음성만으로 사랑하는 이에게 편지를 보낼 수 있게 한 HP.

어쩔 수 없이 마케팅은 자본주의 시대를 살아가면서 소비자의 지갑을 열어 그 돈으로 먹고 살아야 하는 운명이다. 하지만 소비자는 곧 나이고 누나고 엄마고 동생이고 형이다. 결국 소비자는 우리다. 기업은 사람들의 소비로 유지되는 만큼 우리가 사는 세상을 좀 더 아름답고, 아프지 않고, 편하게 만드는 데 더 신경 써야 한다. 이것이 소셜 네트워크 시대를 살아가는 마케팅이 고민해야 하는 또 하나의 지향점이며 결국 투명한 소셜 네트워크 시대에 기업이 생존할 수 있는 또 하나의 방법이다.